Para valorar el libro, obtener material adicional, conocer información sobre los autores, descubrir otros libros y estar al tanto de novedades y actualizaciones, visita:

nuaula.com/ir/test

D1729823

Libros, formación y recursos para estudiantes y opositores

Test Psicotécnicos

Míchel Rivera y Juan Ramón Navas

nuaula.com

Test Psicotécnicos

nuaula.com/ir/test

Edición ampliada y revisada / v1.4

© 2023 - 2024 Míchel Rivera y Juan Ramón Navas

De anteriores ediciones:

© 2014 Míchel Rivera / Test
© 2016-2018 Míchel Rivera y Juan Ramón Navas / Test y maquetación

ISBN / 9798857046128

Lo importante es no dejar de hacerse preguntas.

Albert Einstein

ÍNDICE

INTRODUCCIÓN 11

MEMORIA 13
   Cadenas de palabras 1 15
   Cadenas de palabras 2 17
   Cadenas de palabras 3 19
   Cadenas de palabras 4 21
   Cadenas de palabras 5 23
   Listas numeradas 1 25
   Listas numeradas 2 27
   Listas numeradas 3 29
   Sinónimos 1 31
   Sinónimos 2 32
   Sinónimos 3 33

MATEMÁTICAS 35
   Números enteros 1 37
   Fracciones 1 39
   Decimales 1 41
   Potencias y raíces 1 43
   Factores de conversión 1 45
   Geometría 1 47

CÁLCULO 49
   Suma 1 51
   Resta 1 52
   Multiplicación 1 53
   División 1 54
   Raíz cuadrada 1 55

PSICOTÉCNICOS DE SUCESIONES 57
    Sucesiones de números 1 59
    Sucesiones de números 2 60
    Sucesiones de letras 1 61
    Sucesiones de letras 2 62
    Sucesiones mixtas 1 63

PSICOTÉCNICOS MATEMÁTICOS...65
    Reglas de tres 1 67
    Reglas de tres 2 69
    Porcentajes 1 71
    Porcentajes 2 73
    Intervalos numéricos 1 75
    Intervalos numéricos 2 77
    Permutaciones 1 79
    Variaciones 1 80
    Combinaciones 1..82

PSICOTÉCNICOS DE PROBLEMAS...85
    Familias 1...87
    Familias 2...89
    Familias 3...91
    Ecuaciones 1 93
    Ecuaciones 2 95
    Distancias 1..97
    Coincidencias 1..100
    Grifos 1 104
    Sumatorios 1 107

PSICOTÉCNICOS PERCEPTIVOS...109
    Conteo 1 111
    Conteo 2 115
    Conteo 3 119
    Comparación y observación 1..123
    Comparación y observación 2..127
    Comparación y observación 3..131
    Criptogramas 1...135
    Criptogramas 2...137
    Comparativo y ley 1...139
    Comparativo y ley 2...144
    Comparación 1 149
    Comparación 2 151

PSICOTÉCNICOS DE RAZONAMIENTO..153
  Matrices 1 155
  Matrices 2 159
  Relojes 1 163
  Relojes 2 167
  Dominós 1 171
  Dominós 2 175
  Razonamientos de números 1 179
  Razonamientos de números 2 181
  Incógnitas 1 183
  Incógnitas 2 185
  Incógnitas 3 187
  Análisis de información 1 189
  Análisis de información 2 191
  Análisis de información 3 193

PSICOTÉCNICOS DE MEMORIA...197
  Planos o mapas 1 199
  Planos o mapas 2 203
  Planos o mapas 3 207
  Planos o mapas 4 211
  Textos 1 215
  Textos 2 218

PSICOTÉCNICOS ESPACIALES 221
  Giros 1...223
  Giros 2...227
  Cubos 1 231
  Cubos 2 235
  Cubos 3 239

SOLUCIONARIO...243

INTRODUCCIÓN

Gracias y enhorabuena por adquirir este libro, esperamos que cumpla con tus expectativas y disfrutes con él tanto como nosotros creándolo.

Junto a la primera edición de *Tu manual de psicotécnicos*, se lanzaron una serie de test psicotécnicos específicos de distribución gratuita, que más tarde recopilamos en un solo documento, al que ya han accedido cientos de miles de lectores.

Muchos nos han pedido poder conseguir dicho material en papel y también más contenido, motivo por el que nace este nuevo libro, con un formato más compacto, mejor maquetación y 45 nuevos test con más de mil ejercicios adicionales, que completan todos los tipos tratados en el manual. Por supuesto, lanzamos una nueva versión reducida de libre descarga, actualizada y mejorada respecto a la anterior.

Los 82 test de este libro pueden utilizarse de forma independiente por cualquiera que busque realizar psicotécnicos específicos o bien emplearse como una herramienta de trabajo paralela a la lectura de *Tu manual de psicotécnicos*.

¿Por qué test específicos y no ómnibus? Los específicos permiten ganar experiencia en áreas concretas cómo el cálculo, la memoria, la habilidad espacial... Son la mejor forma de asimilar métodos, pues la práctica con un tipo determinado no se distancia entre ejercicios, permitiendo mejorar en la velocidad y eficacia de su resolución.

También son ideales para incluirlos en la primera fase de trabajo con psicotécnicos de los opositores, en la que puede resultar muy beneficioso centrarse solo en específicos. Además, al contener menos preguntas, estos son ideales para introducir en una rutina de estudio y preparación.

Sea cual sea tu caso, esperamos que *Test psicotécnicos* te sea de utilidad y se convierta en uno de los motivos por los que consigas tus objetivos. ¡A por ello! :)

Agosto de 2023.

Míchel Rivera y Juan Ramón Navas.

MEMORIA

Cadenas de palabras: Memoriza todas las palabras del listado en un máximo de 5 minutos y descansa 10 minutos antes de contestar las preguntas.

Listas numeradas: Memoriza todos los números del listado junto a su información correspondiente en un máximo de 5 minutos y descansa 10 minutos antes de contestar las preguntas.

Sinónimos: Señala de entre las respuestas el sinónimo correspondiente a la palabra indicada.

Cadenas de palabras 1

Listado

León
Nube
Coche
Champiñón
Tijeras
Tortuga
Bandera
Dardo
Lámpara
Pirámide
Bate
Fotocopiadora
Planeta
Terraza
Planta
Ladrón
Lavadora
Puerta
Laguna
Zapatillas

Test

$\downarrow$ 5 min

1.- ¿Qué palabra aparece en el listado?

a) Tigre
b) Lavavajillas
c) Terraza
d) Maceta

2.- ¿Qué palabra sigue a *lámpara*?

a) Dardo
b) Cono
c) Bate
d) Pirámide

3.- ¿Qué palabra aparece en el listado?

a) Bombilla
b) Tijeras
c) Diana
d) Bisturí

4.- ¿Qué palabra antecede a *champiñón*?

a) Coche
b) Nube
c) Camioneta
d) Tijeras

5.- ¿Qué palabra aparece en el listado?

a) Béisbol
b) Tortuga
c) Satélite
d) Cuchillo

6.- ¿Qué palabra no aparece en el listado?

a) Lámpara
b) Seta
c) Zapatillas
d) Coche

7.- ¿Qué palabra aparece en el listado?

a) Niebla
b) Noble
c) Policía
d) Nube

8.- ¿Qué palabra sigue a *bate*?

a) Esfera
b) Enchufe
c) Fotocopiadora
d) Planeta

9.- ¿Qué palabra antecede a *dardo*?

a) Bandera
b) Lámpara
c) Tortuga
d) Chaqueta

10.- ¿Qué palabra no aparece en el listado?

a) Planeta
b) Puerta
c) Laguna
d) Luz

Cadenas de palabras 2

Listado

Asilo
Troncha
Dogma
Neurólogo
Censura
Uniforme
Participación
Ratificar
Optativa
Tema
Choro
Altivo
Embajada
Clínica
Arma
Curar
Amor
Viveza
Gen
Sentimiento

Test

 5 min

1.- ¿Qué palabra aparece en el listado?

a) Asignatura
b) Chorro
c) Hospital
d) Optativa

2.- ¿Qué palabra sigue a *participación*?

a) Censo
b) Uniforme
c) Policía
d) Ratificar

3.- ¿Qué palabra aparece en el listado?

a) Uniforme
b) Sargento
c) Militar
d) Neurología

4.- ¿Qué palabra antecede a *gen*?

a) Arraigo
b) Viveza
c) Sentimiento
d) Escopeta

5.- ¿Qué palabra aparece en el listado?

a) Dogmático
b) Tronco
c) Neurólogo
d) Armadura

6.- ¿Qué palabra no aparece en el listado?

a) Alto
b) Altivo
c) Censura
d) Neurólogo

7.- ¿Qué palabra aparece en el listado?

a) Asilo
b) Siente
c) Abogado
d) Cura

8.- ¿Qué palabra sigue a *clínica*?

a) Embajador
b) Temario
c) Arma
d) Curar

9.- ¿Qué palabra antecede a *dogma*?

a) Cirugía
b) Neurólogo
c) Troncha
d) Curación

10.- ¿Qué palabra no aparece en el listado?

a) Enamorar
b) Asilo
c) Embajada
d) Choro

Cadenas de palabras 3

Listado

Atentado
Tenedor
Disciplina
Médico
Tranvía
Adicción
Angola
Salvamento
Violento
Recuperar
Furgoneta
Articulado
Desaparecido
Enfermo
Respiración
Océano
Vaina
Suficiente
Despedida
Entrenamiento

Test

 5 min

1.- ¿Qué palabra aparece en el listado?

a) Atender
b) Cuchara
c) Displasia
d) Adicción

2.- ¿Qué palabra sigue a *furgoneta*?

a) Salvador
b) Desaparecido
c) Articulado
d) Parecerse

3.- ¿Qué palabra aparece en el listado?

a) Bombona
b) Suficiente
c) Enfermedad
d) Entrenador

4.- ¿Qué palabra antecede a *vaina*?

a) Suficiente
b) Arreglar
c) Océano
d) Enfermar

5.- ¿Qué palabra aparece en el listado?

a) Correspondencia
b) Angola
c) Violeta
d) Respirador

6.- ¿Qué palabra sigue a *médico*?

a) Disciplina
b) Bala
c) Tranvía
d) Violencia

7.- ¿Qué palabra aparece en el listado?

a) Respiración
b) Resquicio
c) Responsabilidad
d) Respetar

8.- ¿Qué palabra no aparece en el listado?

a) Vaina
b) Violento
c) Articulado
d) Medicina

9.- ¿Qué palabra antecede a *furgoneta*?

a) Reposar
b) Recuperar
c) Descansar
d) Articulado

10.- ¿Qué palabra no aparece en el listado?

a) Adicción
b) Angola
c) Respiración
d) Enfermero

Cadenas de palabras 4

Listado

Choro
Herida
Ciénaga
Podredumbre
Triciclo
Aventura
Indigente
Cáliz
Servicio
Cicatriz
Criptografía
Vaso
Bicicleta
Vestidor
Soplete
Alunizaje
Hurto
Quirófano
Bolígrafo
Batín

Test

 5 min

Escribe por orden todas las palabras del listado.

Cadenas de palabras 5

Listado

Vela	Agua
Jeringuilla	Australia
Ambidiestro	Liante
Salmón	Chasquido
Activo	Regalo
Mechero	Doblar
Operativo	Barco
Flan	Carrera
Bestia	Luciérnaga
Vigor	Dojo
Cono	Yogur
Azotea	Farola
Lengua	Golosina
Chimenea	Tramposo
Patinete	Trompeta
Pasaporte	Divertido
Portón	Palanca
Hoja	Genio
Desván	Trilero
Consola	Siesta
Trama	Lluvia
Poción	Blindado
Telescopio	Viento
Sorpresa	Romántico
Confundir	Vileza

Test

 8 min

Escribe por orden todas las palabras del listado.

Listas numeradas 1

Listado

1. Jirafa
2. Cenicero
3. Queso
4. Gafas
5. Nube
6. Monopatín
7. Mar
8. Piano
9. Bebé
10. Camiseta
11. Luciérnagas
12. Bolígrafo
13. Torre
14. Café
15. Platos
16. Libélulas
17. Neumático
18. Botones
19. Escaparate
20. Sol

Test

 5 min

1.- ¿Qué número corresponde a *neumático*?

a) 17

b) 15

c) 2

d) 7

2.- ¿Qué información corresponde a 16?

a) Camiseta

b) Platos

c) Libélulas

d) Luciérnagas

3.- ¿Qué información corresponde a 14?

a) Café

b) Cenicero

c) Platos

d) Escaparate

4.- ¿Qué número corresponde a *botones*?

a) 19

b) 18

c) 10

d) 9

5.- ¿Qué información corresponde a 11?

a) Libélulas

b) Nube

c) Luciérnagas

d) Bebé

6.- ¿Qué número corresponde a *gafas*?

a) 18

b) 17

c) 3

d) 4

7.- ¿Qué información corresponde a 6?

a) Escaparate

b) Queso

c) Camiseta

d) Monopatín

8.- ¿Qué número corresponde a *torre*?

a) 12

b) 19

c) 13

d) 15

9.- ¿Qué información corresponde a 12?

a) Nube

b) Cenicero

c) Sol

d) Bolígrafo

10.- ¿Qué número corresponde a *piano*?

a) 9

b) 8

c) 18

d) 4

Listas numeradas 2

Listado

4. Berilio
5. Capital
12. Magnesio
8. Fuerzas Armadas
15. Fósforo
32. Derecho de matrimonio
27. Cobalto
54. Defensor del Pueblo
21. Derecho de reunión
45. Rodio
74. Wolframio
41. Seguridad Social
58. La reina
18. Provocación
22. Circunstancias agravantes
33. Clasificación de las penas
81. Leyes orgánicas
66. Cortes Generales
91. Protactinio
46. Paladio

Test

 5 min

1.- ¿Qué número corresponde a *fósforo*?

  a) 12

  b) 27

  c) 15

  d) 4

2.- ¿Qué información corresponde a 54?

  a) Magnesio

  b) Wolframio

  c) Derecho de matrimonio

  d) Defensor del Pueblo

3.- ¿Qué información corresponde a 74?

  a) Rodio

  b) Wolframio

  c) Leyes orgánicas

  d) Cortes Generales

4.- ¿Qué número corresponde a *paladio*?

  a) 27

  b) 45

  c) 46

  d) 41

5.- ¿Qué información corresponde a 58?

  a) La Corona

  b) La tutela

  c) La regencia

  d) La reina

6.- ¿Qué número corresponde a *provocación*?

  a) 18

  b) 21

  c) 24

  d) 17

7.- ¿Qué información corresponde a 66?

  a) El Congreso

  b) Cortes Generales

  c) Seguridad Social

  d) El Senado

8.- ¿Qué número corresponde a *rodio*?

  a) 45

  b) 46

  c) 41

  d) 43

9.- ¿Qué información corresponde a 32?

  a) Derecho de reunión

  b) Derecho de matrimonio

  c) Cobalto

  d) Clasificación de las penas

10.- ¿Qué número corresponde a *capital*?

  a) 12

  b) 4

  c) 5

  d) 3

Listas numeradas 3

Listado

1. Etéreo
2. Cueva
3. Valiente
4. Pizza
5. Negativo
6. Raqueta
7. Flotador
8. Fuentes
9. Cerebro
10. Halterofilia
11. Aguja
12. Paquete
13. Suspirar
14. Rosquilla
15. Toldo
16. Folio
17. Celebrar
18. Denunciar
19. Traspapelar
20. Velero
21. Tirano
22. Carné
23. Dormir
24. Seudónimo
25. Bicéfalo
26. Magnetismo
27. Mano
28. Dedicación
29. Atadura
30. Sistema
31. Lima
32. Carne
33. Fantasma
34. Almidón
35. Naranja
36. Comisaría
37. Ramo
38. Seta
39. Petardo
40. Barril
41. Croqueta
42. Suspiro
43. Castillo
44. Arena
45. Despacio
46. Tiburón
47. Jarra
48. Flan
49. Botella
50. Albóndiga

Test 8 min

Escribe por orden todos los números del listado junto a su información correspondiente.

Sinónimos 1

 6 min

1.- Acémila
a) Afrenta
b) Burro
c) Albedrío
d) Jugo

2.- Pagel
a) Pez
b) Benévolo
c) Fanal
d) Impuro

3.- Sublime
a) Ruar
b) Tenaz
c) Magnífico
d) Parvo

4.- Odisea
a) Paz
b) Aventura
c) Actuar
d) Bulo

5.- Jaco
a) Caballo
b) Jácaro
c) Paladín
d) Orador

6.- Esbirro
a) Enemigo
b) Otero
c) Secuaz
d) Dengue

7.- Aunar
a) Acunar
b) Unir
c) Aullar
d) Ayudar

8.- Sera
a) Rufián
b) Odre
c) Deseo
d) Cesta

9.- Falaz
a) Engañoso
b) Franco
c) Verdadero
d) Fistol

10.- Falúa
a) Hazaña
b) Ejercicio
c) Deseo
d) Embarcación

11.- Befa
a) Basura
b) Úlcera
c) Burla
d) Ladrón

12.- Indagar
a) Encontrar
b) Fulgurar
c) Guardar
d) Fisgar

13.- Desidia
a) Duradero
b) Abandono
c) Arcaico
d) Zafio

14.- Libar
a) Probar
b) Bailar
c) Ligar
d) Arrojar

15.- Abanico
a) Pericón
b) Adusto
c) Baladí
d) Fistol

16.- Molicie
a) Pereza
b) Destreza
c) Mordaz
d) Rareza

17.- Pigmeo
a) Piel
b) Enorme
c) Recio
d) Enano

18.- Perfidia
a) Procaz
b) Infidelidad
c) Recelo
d) Perverso

19.- Precinto
a) Prolijo
b) Sucinto
c) Lacre
d) Tronera

20.- Ateo
a) Sospecha
b) Avezado
c) Benévolo
d) Yerro

Sinónimos 2

 6 min

1.- Ubicuidad
  a) Ausencia
  b) Cuidar
  c) Lugar
  d) Presencia

2.- Lagar
  a) Bodega
  b) Beber
  c) Tronera
  d) Vulgo

3.- Lechón
  a) Blancuzco
  b) Marrano
  c) Cría
  d) Ebúrneo

4.- Bruñir
  a) Gruñir
  b) Abrillantar
  c) Ensuciar
  d) Arrojar

5.- Desabrido
  a) Basura
  b) Laudo
  c) Afable
  d) Desagradable

6.- Galerna
  a) Barco
  b) Tempestad
  c) Tronera
  d) Burla

7.- Sinuoso
  a) Tranquilo
  b) Suave
  c) Ondulado
  d) Oscuro

8.- Hediondo
  a) Apestoso
  b) Profundo
  c) Bohemio
  d) Liso

9.- Gallofo
  a) Torta
  b) Galleta
  c) Mendigo
  d) Palmada

10.- Jamar
  a) Quitar
  b) Llamar
  c) Comer
  d) Pegar

11.- Laso
  a) Pobre
  b) Cansado
  c) Valiente
  d) Liso

12.- Miscelánea
  a) Mezcla
  b) División
  c) Omisión
  d) Gentío

13.- Oneroso
  a) Grande
  b) Pesado
  c) Honrado
  d) Dinero

14.- Carcamal
  a) Viejo
  b) Fuerte
  c) Feo
  d) Pesado

15.- Dádiva
  a) Magia
  b) Caos
  c) Donación
  d) Lugar

16.- Palio
  a) Broma
  b) Linaje
  c) Ladrón
  d) Cubierta

17.- Empalizada
  a) Cerril
  b) Atrapada
  c) Barrera
  d) Duda

18.- Baldón
  a) Ofensa
  b) Homenaje
  c) Burlón
  d) Escalón

19.- Jirón
  a) Camino
  b) Rasgadura
  c) Chiste
  d) Lícito

20.- Tildar
  a) Tirar
  b) Arrastrar
  c) Gritar
  d) Tachar

Sinónimos 3

 6 min

1.- Adalid
a) Pagel
b) Conductor
c) Afable
d) Idóneo

2.- Torvo
a) Fiero
b) Jácaro
c) Secuaz
d) Cuervo

3.- Gabarra
a) Chal
b) Ofensa
c) Embarcación
d) Chaqueta

4.- Zambra
a) Abeja
b) Fiesta
c) Comilona
d) Tortuga

5.- Penacho
a) Penique
b) Plumero
c) Somnoliento
d) Perezoso

6.- Zolocho
a) Burlón
b) Escalón
c) Perdido
d) Aturdido

7.- Yerto
a) Rígido
b) Zumo
c) Baladí
d) Yerro

8.- Jícara
a) Pícara
b) Pliegue
c) Taza
d) Lanza

9.- Gregario
a) Ebúrneo
b) Nasal
c) Religioso
d) Servil

10.- Fonda
a) Barranco
b) Juerga
c) Hostal
d) Taberna

11.- Mohíno
a) Enmohecido
b) Enojado
c) Cochino
d) Oscurecido

12.- Cerviz
a) Nuca
b) Novillo
c) Cervical
d) Valiente

13.- Yelmo
a) Cubito
b) Descampado
c) Casco
d) Desolado

14.- Ignominia
a) Vileza
b) Tirria
c) Inquina
d) Estupidez

15.- Acerbo
a) Asno
b) Cultura
c) Variedad
d) Ácido

16.- Emérito
a) Honrado
b) Jubilado
c) Lícito
d) Prolijo

17.- Dilucidar
a) Deslucir
b) Pensar
c) Diluviar
d) Aclarar

18.- Jareta
a) Bufanda
b) Máscara
c) Dobladillo
d) Jarra

19.- Hirsuto
a) Rudo
b) Famélico
c) Mucosidad
d) Sarpullido

20.- Palenque
a) Salmón
b) Puente
c) Zanja
d) Valla

MATEMÁTICAS

(i) Resuelve las preguntas en el menor tiempo posible.

(i) Puedes tomar anotaciones.

(i) Puede haber números decimales redondeados.

Números enteros 1

$\bigodot$ 8 min

1.- $-(6 \cdot (-4)) / (-3 + 5)$
  a) −12
  b) 18
  c) 6
  d) 12

2.- $2 + 4 \cdot 2 - 5 \cdot 3 + 2$
  a) −7
  b) −4
  c) −3
  d) −2

3.- $-4 \cdot (-3 -3) + 4 / (-4)$
  a) 24
  b) 26
  c) 23
  d) 25

4.- $5 + 4 - 6 \cdot 5 / (-6)$
  a) 4
  b) 13
  c) 12
  d) 14

5.- $-9 + (-7) - (-5 + 4)$
  a) −16
  b) −18
  c) −15
  d) −14

6.- $9 + 3 \cdot 3 / 3 - 4$
  a) 9
  b) 7
  c) 8
  d) −8

7.- $7 - 8 + 4 \cdot (4 - 5)$
  a) −3
  b) −7
  c) −5
  d) 5

8.- $8 + 6 \cdot (-4 + 3)$
  a) 2
  b) 4
  c) 0
  d) −2

9.- $(14 - 5) \cdot (-2) + 16$
  a) −2
  b) 2
  c) −3
  d) 3

10.- $7 \cdot 7 + 7 \cdot 6 - 42 \cdot 2$
  a) 0
  b) 5
  c) 7
  d) 9

11.- $(-3) - (4) + (7) - (-8)$
a) 8
b) 9
c) 7
d) -8

16.- $(13 \cdot 7) + (6 \cdot 2 - 6)$
a) 97
b) 98
c) 95
d) 96

12.- $((4) + (6)) + ((-7) + (9))$
a) 13
b) 12
c) 10
d) 11

17.- $(6 + 7 - 5 \cdot 8) - (-7 \cdot 5)$
a) 8
b) 11
c) 10
d) 7

13.- $(-6 \cdot 8) + (44 / 4) - 3$
a) 1
b) -40
c) -41
d) -38

18.- $(2 + 3 + 7) + 6 + 5 + 2$
a) 25
b) 24
c) 26
d) 23

14.- $(8 \cdot 9) - (9 \cdot 7) + (8 / 4)$
a) 11
b) 12
c) 10
d) 14

19.- $(1 - (3 - 7 + 5) \cdot 6 - 5) - (-12)$
a) 12
b) 0
c) 2
d) 4

15.- $6 + (6 / 3) + 9 (9 / 3 + 5)$
a) 40
b) 82
c) 79
d) 80

20.- $(9 \cdot 7) + (-7 \cdot 8)$
a) 5
b) 7
c) 4
d) 8

Fracciones 1

🕐 10 min

1.- $\dfrac{4}{6} + \dfrac{4}{2}$

   a) 19/6
   b) 8/3
   c) 5/3
   d) 13/6

2.- $\dfrac{3}{6} + \dfrac{6}{5}$

   a) 11/5
   b) 6/5
   c) 27/10
   d) 17/10

3.- $\dfrac{2}{6} + 1 - \dfrac{6}{12}$

   a) 11/6
   b) 4/3
   c) 1/3
   d) 5/6

4.- $\dfrac{6}{3} + 3 - \dfrac{6}{4}$

   a) 7/2
   b) 4/1
   c) 5/2
   d) 3/1

5.- 5.- $\dfrac{6}{8} + \dfrac{2}{2} \cdot \dfrac{3}{6}$

   a) 3/4
   b) 5/4
   c) 1/4
   d) 7/4

6.- $\dfrac{2}{7} + \dfrac{2}{3} \cdot \dfrac{3}{2}$

   a) 9/7
   b) 2/7
   c) 25/14
   d) 11/14

7.- $\dfrac{6}{3} : \dfrac{6}{2} \cdot \dfrac{6}{4}$

   a) 2/1
   b) 1/1
   c) 1/2
   d) 3/2

8.- $\dfrac{3}{4} \cdot \left(\dfrac{3}{2} + \dfrac{2}{12} \right)$

   a) 1/4
   b) 5/4
   c) 9/4
   d) 7/4

9.- $\dfrac{2}{3} + \left(\dfrac{2}{2} : \dfrac{3}{3} \right) \cdot \dfrac{4}{7}$

   a) 5/4
   b) 6/5
   c) 26/21
   d) 25/20

10.- $\left(\dfrac{6}{2} \cdot \dfrac{3}{6} \right) : \left(\dfrac{3}{4} + \dfrac{4}{2} \right)$

   a) 11/22
   b) 6 /22
   c) 6/11
   d) 12/21

11.- $\dfrac{3}{5} - \dfrac{2}{7}$

a) 5/35
b) 15/35
c) 21/35
d) 11/35

12.- $\dfrac{11}{5} - (\dfrac{4}{3} \cdot \dfrac{6}{3}) : \dfrac{4}{3}$

a) 12/20
b) 1/5
c) 2/8
d) 21/74

12.- $\dfrac{4}{2} \cdot \dfrac{6}{3} + 7$

a) 13
b) 14
c) 12
d) 11

17.- $\dfrac{8}{6} - (\dfrac{2}{4} \cdot \dfrac{6}{3}) : \dfrac{5}{4}$

a) 2/8
b) 8/15
c) 9/14
d) 10/15

12.- $\dfrac{5}{2} - \dfrac{6}{4} \cdot 7$

a) 42/4
b) 32/4
c) −12
d) −8

18.- $\dfrac{4}{3} + (\dfrac{3}{2} : \dfrac{3}{8}) \cdot \dfrac{3}{6}$

a) 1/3
b) 12/4
c) 10/3
d) 7/10

14.- $(\dfrac{4}{3} : \dfrac{5}{4}) \cdot (\dfrac{3}{2} - \dfrac{5}{3})$

a) 16/90
b) -16/45
c) -8/90
d) -8/45

19.- $(\dfrac{3}{3} \cdot \dfrac{7}{4}) : (\dfrac{2}{3} + \dfrac{3}{2})$

a) 21/26
b) 20/25
c) 19/24
d) 18/23

15.- $(\dfrac{4}{8} : \dfrac{6}{2}) \cdot (\dfrac{3}{5} - \dfrac{2}{10})$

a) 32/240
b) 15
c) 1/15
d) 24

20.- $\dfrac{2}{7} - \dfrac{4}{6}$

a) −8/21
b) 8/21
c) −12/21
d) 12/21

Decimales 1

⏱ 10 min

1.- 3,654 / 100
   a) 36,54
   b) 0,3654
   c) 365,4
   d) 0,03654

2.- 52,6 / 0,05
   a) 105,2
   b) 1052
   c) 26,3
   d) 2630

3.- 9483,46 − 594,572
   a) 8888,888
   b) 8787,878
   c) 8999,999
   d) 8777,777

4.- $(0,02 \cdot 6,5) + (6 \cdot 0,5)$
   a) 4,069
   b) 3,13
   c) 0,4069
   d) 3,013

5.- $(0,09 \cdot 60 + 7,5 − 6,5) − 6,4$
   a) −2
   b) 1
   c) −1
   d) 0

6.- 54,5 + 343,2 + 2,3
   a) 384
   b) 400
   c) 390
   d) 405

7.- 768 / 100
   a) 76,8
   b) 7,68
   c) 0,0768
   d) 0,768

8.- $780 \cdot 0,25$
   a) 19500
   b) 1950
   c) 195
   d) 19,5

9.- $0,4 + 6,6 \cdot (4 / 2)$
   a) −3,4
   b) 13,6
   c) 14
   d) 14,6

10.- 0,0006 / 200
   a) 0,00003
   b) 0,00000003
   c) 0,000003
   d) 0,0000003

11.- 33,3 · 0,03
  a) 111
  b) 1
  c) 11,1
  d) 0,999

12.- 6,47 · 10
  a) 647
  b) 0,647
  c) 64,7
  d) 6,47

13.- 0,01 · 6,2
  a) 62
  b) 620
  c) 0,062
  d) 0,62

14.- 0,002 · 24,4
  a) 0,0000488
  b) 0,488
  c) 0,00488
  d) 0,0488

15.- 0,03 / 5
  a) 0,00006
  b) 0,6
  c) 0,006
  d) 0,06

16.- 5,5 / 0,02
  a) 27500
  b) 27,5
  c) 275
  d) 2750

17.- 0,26 – 0,26 · (4 / 2)
  a) –10,26
  b) 8,74
  c) –0,26
  d) 0,74

18.- (3 · 0,5) + (4 / 0,5)
  a) 1,235
  b) 12,35
  c) 0,95
  d) 9,5

19.- (0,05 · 120 + 7,5 – 8) – 6
  a) –5
  b) –0,5
  c) –0,05
  d) 0,5

20.- 31,77 + 83,34 – 15,11
  a) 109
  b) 101
  c) 100
  d) 82

Potencias y raíces 1

⏱ 10 min

1.- $(-2)^4$

  a) 16

  b) 18

  c) 24

  d) –16

2.- $2^3 \cdot (2^2 - 2^3)^{-1}$

  a) –2

  b) 1

  c) –3

  d) 0

3.- $(-5)^3$

  a) –126

  b) –124

  c) –125

  d) –123

4.- $\sqrt[2]{\sqrt[3]{729}}$

  a) 81

  b) 9

  c) 3

  d) 27

5.- -4^3

  a) –65

  b) –64

  c) –62

  d) –66

6.- $2^3 \cdot 2^4$

  a) 127

  b) 131

  c) 130

  d) 128

7.- $\sqrt{121}$

  a) 13

  b) 11

  c) 12

  d) 9

8.- $6^6/6^4$

  a) 38

  b) 36

  c) 37

  d) 34

9.- $(2^2)^3$

  a) 63

  b) 66

  c) 65

  d) 64

10.- 7^0

  a) 1

  b) 3,5

  c) -7

  d) 7

11.- 2^{-3}

a) 1/6
b) 1/8
c) 3/2
d) 2/3

16.- $\sqrt[3]{125 \cdot 27 \cdot 64}$

a) 15
b) 60
c) 24
d) 36

12.- $(-5)^3 + 3^4$

a) –45
b) –42
c) –43
d) –44

17.- $\sqrt[3]{\frac{64}{81}}$

a) 4/3
b) 8/9
c) 2/3
d) 1,25

13.- $(7^3 + 2^6)^{-0}$

a) –1
b) 0
c) 2
d) 1

18.- $(\sqrt[3]{8})^3$

a) 512
b) 64
c) 8
d) 24

14.- $1^3 \cdot (4^3 - 4^3)^2$

a) 1
b) –1
c) 2
d) 0

19.- $(3^2 - 2^3)^{-4}$

a) 3
b) –1
c) 0
d) 1

15.- $(6^2 - 3^3)^2$

a) 81
b) 80
c) 82
d) 83

20.- $3^{-\frac{3}{3}}$

a) 0
b) 1/3
c) –1
d) –3

Factores de conversión 1

⏰ 10 min

1.- Convierte 366 miliunidades (mu) a decaunidades (Dau).

   a) 3,66 Dau   b) 0,00366 Dau   c) 0,0366 Dau   d) 0,366 Dau

2.- Convierte 1500 minutos a horas, minutos y segundos.

   a) 15 h   b) 18 h   c) 25 h   d) 30 h

3.- ¿Cuántas toneladas (t) son 28800 decigramos (dg)?

   a) 0,00288 t   b) 0,288 t   c) 2,88 t   d) 0,0288 t

4.- Convierte 10 kilómetros (km) a millas (mi).

   a) 6,215 mi   b) 0,6215 mi   c) 0,06215 mi   d) 62,15 mi

5.- Convierte 120600 mililitros (ml) a kilogramos de agua destilada (kg).

   a) 1206 kg   b) 120,6 kg   c) 120600 kg   d) 12060 kg

6.- ¿Cuántos decámetros cuadrados (dam^2) son 8 áreas?

   a) 800 dam^2 b) 80 dam^2 c) 8 dam^2 d) 0,08 dam^2

7.- Convierte 22 centímetros cúbicos (cm^3) a decímetros cúbicos (dm^3).

   a) 0,22 dm^3 b) 0,0022 dm^3 c) 0,000022 dm^3 d) 0,022 dm^3

8.- ¿Cuántos días son 72000 segundos?

   a) 0,83 d   b) 1,66 d   c) 4,15 d   d) 0,17 d

9.- ¿Cuántos decímetros cúbicos (dm^3) son 9800 mililitros (ml)?

   a) 98 dm^3 b) 9800 dm^3 c) 9,8 dm^3 d) 980 dm^3

10.- ¿Cuántos litros (l) son 330 mililitros (ml)?

   a) 3,3 l   b) 0,033 l   c) 330 l   d) 0,33 l

11.- Convierte 42000 segundos a horas, minutos y segundos.

   a) 12 h y 66 min   c) 12 h y 40 min

   b) 11 h y 66 min   d) 11 h y 40 min

12.- ¿Cuántos kilolitros (kl) son 0,8 toneladas de agua destilada (t)?

a) 0,8 kl   b) 80 kl   c) 8 kl   d) 0,08 kl

13.- ¿Cuántos kilómetros (km) son 18,8 millas (mi)?

a) 3,02492 km   b) 302,492 km

c) 30,2492 km   d) 0,302492 km

14.- ¿Cuántos días son 7700 minutos?

a) 26,75 d   b) 2,68 d   c) 5,35 d   d) 10,7 d

15.- Convierte 120 hectómetros cuadrados (hm^2) a áreas.

a) 1200   b) 12   c) 12000   d) 120000

16.- Convierte 7000 segundos a horas, minutos y segundos.

a) 1 h, 56 min y 40 s   c) 1 h, 46 min y 12 s

b) 2 h, 11 min y 20 s   d) 2 h, 24 min y 16 s

17.- Convierte 53 kilolitros (kl) a decímetros cúbicos (dm^3).

a) 530000 dm^3 b) 53000 dm^3 c) 5300000 dm^3 d) 5300 dm^3

18.- Convierte 12600 centímetros cúbicos (cm^3) a kilolitros (kl).

a) 0,126 kl   b) 0,0126 kl   c) 1,26 kl   d) 0,00126 kl

19.- ¿Cuántos minutos son 8,5 días?

a) 12240 min   b) 6120 min   c) 24480 min   d) 2448 min

20.- ¿Cuántas toneladas de agua destilada (t) son 0,56 metros cúbicos (m^3)?

a) 0,0056 t   b) 0,56 t   c) 0,056 t   d) 0,00056 t

Geometría 1

 10 min

1.- Halla la diagonal de un cuadrado cuyos lados miden 5 cm.

   a) 10,37 cm.   b) 9,37 cm.   c) 5,67 cm.   d) 7,07 cm.

2.- Halla el área de un cuadrado cuyos lados miden 8 cm.

   a) 512 cm²   b) 8 cm²   c) 32 cm²   d) 64 cm²

3.- Halla la diagonal de un rectángulo cuyos lados miden 4 y 3 cm.

   a) 2,7 cm.   b) 5 cm.   c) 8 cm.   d) 12 cm.

4.- ¿Cuál es el área de un rectángulo cuyos lados miden 6 y 10 cm.?

   a) 160 cm²   b) 60 cm²   c) 30 cm²   d) 600 cm²

5.- ¿Cuál es el área de un triángulo equilátero cuyos lados miden 10 cm.?

   a) 8,66 cm²   b) 43,3 cm²   c) 47,3 cm²   d) 52,9 cm²

6.- Halla la hipotenusa de un triángulo rectángulo cuyos catetos miden 8 y 9 cm.

   a) 10,44 cm.   b) 11,64 cm.   c) 18,04 cm.   d) 12,04 cm.

7.- Halla el área de un triángulo rectángulo cuyos catetos miden 10 y 12 cm.

   a) 600 cm²   b) 30 cm²   c) 60 cm²   d) 120 cm²

8.- Halla el área de un rombo cuyas diagonales miden 5 y 11 cm.

   a) 27,5 cm²   b) 160 cm²   c) 13,75 cm²   d) 55 cm²

9.- Halla el área de un círculo cuyo radio mide 5 cm.

   a) 84,54 cm²   b) 82,54 cm²   c) 77,94 cm²   d) 78,54 cm²

10.- ¿Cuál es la diagonal de un cuadrado cuyos lados miden 10 cm.?

   a) 13,64 cm.   b) 13,64 cm.   c) 14,74 cm.   d) 14,14 cm.

11.- ¿Cuál es el área de un cuadrado cuyos lados miden 13 cm.?

   a) 52 cm²   b) 169 cm²   c) 26 cm²   d) 2197 cm²

12.- ¿Cuál es el área de un círculo cuyo diámetro mide 6 cm.?

   a) 34,77 cm^2 b) 30,77 cm^2 c) 28,27 cm^2 d) 26,67 cm^2

13.- ¿Cuál es la diagonal de un rectángulo cuyos lados miden 7 y 13 cm.?

   a) 11,96 cm.   b) 14,76 cm.   c) 18,06 cm.   d) 20,06 cm.

14.- Halla el área de un rectángulo cuyos lados miden 8 y 16 cm.

   a) 128 cm^2 b) 240 cm^2 c) 1280 cm^2 d) 64 cm^2

15.- Halla el área de un triángulo equilátero cuyos lados miden 19 cm.

   a) 156,32 cm^2 b) 16,45 cm^2 c) 158,22 cm^2 d) 14,45 cm^2

16.- ¿Cuál es la hipotenusa de un triángulo rectángulo cuyos catetos miden 11 y 15 cm.?

   a) 18 cm.   b) 22,4 cm.   c) 19,4 cm.   d) 18,6 cm.

17.- ¿Cuál es el área de un triángulo rectángulo cuyos catetos miden 11 y 15 cm.?

   a) 825 cm^2 b) 165 cm^2 c) 41,25 cm^2 d) 82,5 cm^2

18.- ¿Cuál es el área de un rombo cuyas diagonales miden 7 y 12 cm.?

   a) 42 cm^2 b) 21 cm^2 c) 84 cm^2 d) 190 cm^2

19.- Halla el área de un círculo cuyo radio mide 12 cm.

   a) 458,09 cm^2 b) 452,29 cm^2 c) 452,39 cm^2 d) 447,49 cm^2

20.- ¿Cuál es el área de un círculo cuyo diámetro mide 9 cm.?

   a) 65,32 cm^2 b) 69,32 cm^2 c) 63,62 cm^2 d) 63,12 cm^2

CÁLCULO

(i) Resuelve las preguntas en el menor tiempo posible.

(i) Puedes tomar anotaciones.

Suma 1

 8 min

1.- 70 + 36 = ?

2.- 41 + 52 = ?

3.- 431 + 93 = ?

4.- 30 + 92 = ?

5.- 54 + 177 = ?

6.- 57 + 23 = ?

7.- 43 + 918 = ?

8.- 780 + 50 = ?

9.- 884 + 946 = ?

10.- 68 + 80 = ?

11.- 779 + 81 = ?

12.- 65 + 74 = ?

13.- 68 + 62 = ?

14.- 54 + 41 = ?

15.- 37 + 93 = ?

16.- 51 + 54 = ?

17.- 301 + 22 = ?

18.- 588 + 41 = ?

19.- 188 + 10 = ?

20.- 89 + 62 = ?

21.- 56 + 900 = ?

22.- 50 + 11 = ?

23.- 125 + 860 = ?

24.- 542 + 375 = ?

25.- 10 + 276 = ?

26.- 606 + 41 = ?

27.- 95 + 335 = ?

28.- 43 + 454 = ?

29.- 549 + 616 = ?

30.- 53 + 54 = ?

31.- 893 + 514 = ?

32.- 92 + 785 = ?

33.- 436 + 230 = ?

34.- 159 + 87 = ?

35.- 47 + 991 = ?

36.- 117 + 980 = ?

37.- 56 + 702 = ?

38.- 247 + 120 = ?

39.- 37 + 74 = ?

40.- 60 + 783 = ?

41.- 79 + 353 = ?

42.- 87 + 87 = ?

43.- 782 + 848 = ?

44.- 984 + 970 = ?

45.- 81 + 410 = ?

46.- 10 + 558 = ?

47.- 693 + 991 = ?

48.- 50 + 91 = ?

49.- 854 + 189 = ?

50.- 812 + 93 = ?

51.- 345 + 102 = ?

52.- 67 + 15 = ?

53.- 601 + 458 = ?

54.- 87 + 472 = ?

55.- 644 + 72 = ?

56.- 60 + 51 = ?

57.- 32 + 97 = ?

58.- 10 + 63 = ?

59.- 62 + 237 = ?

60.- 23 + 85 = ?

61.- 833 + 781 = ?

62.- 722 + 63 = ?

63.- 63 + 53 = ?

64.- 52 + 813 = ?

65.- 178 + 97 = ?

66.- 45 + 74 = ?

67.- 313 + 493 = ?

68.- 21 + 132 = ?

69.- 825 + 778 = ?

70.- 50 + 226 = ?

71.- 471 + 54 = ?

72.- 76 + 373 = ?

73.- 94 + 552 = ?

74.- 83 + 384 = ?

75.- 492 + 348 = ?

76.- 585 + 85 = ?

77.- 20 + 780 = ?

78.- 836 + 91 = ?

79.- 58 + 63 = ?

80.- 922 + 953 = ?

81.- 185 + 10 = ?

82.- 155 + 219 = ?

83.- 34 + 20 = ?

84.- 776 + 68 = ?

85.- 270 + 844 = ?

86.- 58 + 366 = ?

87.- 42 + 728 = ?

Resta 1

 8 min

1.- 8389 – 5601 = ?
2.- 694 – 186 = ?
3.- 870 – 446 = ?
4.- 318 – 201 = ?
5.- 7111 – 4112 = ?
6.- 9101 – 7467 = ?
7.- 77 – 10 = ?
8.- 81 – 60 = ?
9.- 9787 – 6657 = ?
10.- 91 – 66 = ?
11.- 9724 – 3055 = ?
12.- 795 – 765 = ?
13.- 84 – 49 = ?
14.- 56 – 18 = ?
15.- 6038 – 5115 = ?
16.- 918 – 855 = ?
17.- 63 – 36 = ?
18.- 360 – 159 = ?
19.- 322 – 227 = ?
20.- 484 – 327 = ?
21.- 5867 – 3763 = ?
22.- 68 – 30 = ?
23.- 909 – 907 = ?
24.- 8459 – 6838 = ?
25.- 66 – 35 = ?
26.- 47 – 25 = ?
27.- 6179 – 2360 = ?
28.- 43 – 31 = ?
29.- 682 – 479 = ?

30.- 5488 – 1802 = ?
31.- 818 – 116 = ?
32.- 931 – 495 = ?
33.- 7684 – 1145 = ?
34.- 883 – 596 = ?
35.- 7347 – 3574 = ?
36.- 93 – 80 = ?
37.- 7177 – 6370 = ?
38.- 74 – 63 = ?
39.- 71 – 57 = ?
40.- 5118 – 3887 = ?
41.- 8335 – 2832 = ?
42.- 5730 – 4359 = ?
43.- 80 – 68 = ?
44.- 3912 – 2630 = ?
45.- 3446 – 3357 = ?
46.- 8700 – 7184 = ?
47.- 7492 – 7144 = ?
48.- 84 – 27 = ?
49.- 8774 – 4371 = ?
50.- 37 – 10 = ?
51.- 8084 – 5939 = ?
52.- 475 – 142 = ?
53.- 8823 – 7384 = ?
54.- 65 – 58 = ?
55.- 6110 – 3884 = ?
56.- 65 – 44 = ?
57.- 8410 – 1248 = ?
58.- 131 – 13 = ?

59.- 6628 – 1126 = ?
60.- 6730 – 2447 = ?
61.- 60 – 42 = ?
62.- 65 – 57 = ?
63.- 7285 – 2052 = ?
64.- 8840 – 8176 = ?
65.- 798 – 166 = ?
66.- 78 – 41 = ?
67.- 935 – 921 = ?
68.- 978 – 604 = ?
69.- 75 – 11 = ?
70.- 9376 – 1624 = ?
71.- 81 – 50 = ?
72.- 432 – 197 = ?
73.- 52 – 25 = ?
74.- 661 – 407 = ?
75.- 6677 – 5296 = ?
76.- 601 – 372 = ?
77.- 500 – 417 = ?
78.- 9649 – 6460 = ?
79.- 30 – 21 = ?
80.- 84 – 28 = ?
81.- 7526 – 3206 = ?
82.- 4855 – 1516 = ?
83.- 2410 – 2231 = ?
84.- 255 – 235 = ?
85.- 9890 – 6474 = ?
86.- 5997 – 3299 = ?
87.- 803 – 348 = ?

Multiplicación 1

 12 min

1.- 226 · 86 = ?

2.- 51 · 73 = ?

3.- 6567 · 84 = ?

4.- 767 · 99 = ?

5.- 313 · 25 = ?

6.- 2083 · 74 = ?

7.- 89 · 75 = ?

8.- 15 · 47 = ?

9.- 59 · 60 = ?

10.- 955 · 57 = ?

11.- 91 · 39 = ?

12.- 26 · 92 = ?

13.- 72 · 31 = ?

14.- 16 · 86 = ?

15.- 89 · 34 = ?

16.- 9101 · 65 = ?

17.- 14 · 99 = ?

18.- 7054 · 79 = ?

19.- 8223 · 81 = ?

20.- 850 · 87 = ?

21.- 57 · 14 = ?

22.- 3638 · 50 = ?

23.- 26 · 95 = ?

24.- 6998 · 14 = ?

25.- 240 · 50 = ?

26.- 82 · 72 = ?

27.- 3241 · 21 = ?

28.- 802 · 42 = ?

29.- 717 · 75 = ?

30.- 93 · 38 = ?

31.- 6132 · 29 = ?

32.- 6152 · 89 = ?

33.- 17 · 64 = ?

34.- 82 · 24 = ?

35.- 58 · 47 = ?

36.- 55 · 98 = ?

37.- 8648 · 28 = ?

38.- 94 · 79 = ?

39.- 785 · 73 = ?

40.- 876 · 51 = ?

41.- 100 · 70 = ?

42.- 9306 · 83 = ?

43.- 975 · 10 = ?

44.- 409 · 73 = ?

45.- 85 · 66 = ?

46.- 6905 · 94 = ?

47.- 67 · 74 = ?

48.- 2707 · 83 = ?

49.- 95 · 37 = ?

50.- 47 · 60 = ?

51.- 23 · 87 = ?

52.- 74 · 48 = ?

53.- 370 · 98 = ?

54.- 8986 · 78 = ?

55.- 33 · 93 = ?

56.- 67 · 81 = ?

57.- 34 · 40 = ?

58.- 207 · 39 = ?

59.- 584 · 60 = ?

60.- 816 · 37 = ?

61.- 78 · 93 = ?

62.- 478 · 49 = ?

63.- 7761 · 48 = ?

64.- 95 · 46 = ?

65.- 72 · 95 = ?

66.- 1162 · 50 = ?

67.- 4115 · 28 = ?

68.- 62 · 21 = ?

69.- 53 · 88 = ?

70.- 84 · 87 = ?

71.- 14 · 65 = ?

72.- 4335 · 77 = ?

73.- 2511 · 36 = ?

74.- 7021 · 25 = ?

75.- 596 · 37 = ?

76.- 39 · 58 = ?

77.- 58 · 11 = ?

78.- 38 · 16 = ?

79.- 98 · 17 = ?

80.- 58 · 40 = ?

81.- 7808 · 33 = ?

82.- 8548 · 20 = ?

83.- 57 · 18 = ?

84.- 488 · 52 = ?

85.- 36 · 11 = ?

86.- 29 · 89 = ?

87.- 49 · 81 = ?

División 1

 10 min

1.- 706 / 8 = ?

2.- 2244 / 5 = ?

3.- 788 / 2 = ?

4.- 435 / 1 = ?

5.- 968 / 4 = ?

6.- 801 / 4 = ?

7.- 716 / 3 = ?

8.- 378 / 5 = ?

9.- 395 / 3 = ?

10.- 782 / 1 = ?

11.- 9602 / 1 = ?

12.- 1637 / 6 = ?

13.- 350 / 3 = ?

14.- 5696 / 6 = ?

15.- 6878 / 4 = ?

16.- 127 / 5 = ?

17.- 897 / 9 = ?

18.- 437 / 6 = ?

19.- 351 / 4 = ?

20.- 360 / 8 = ?

21.- 604 / 9 = ?

22.- 1625 / 9 = ?

23.- 856 / 2 = ?

24.- 4200 / 6 = ?

25.- 811 / 4 = ?

26.- 6220 / 9 = ?

27.- 357 / 5 = ?

28.- 587 / 3 = ?

29.- 369 / 6 = ?

30.- 1404 / 3 = ?

31.- 599 / 5 = ?

32.- 702 / 9 = ?

33.- 151 / 7 = ?

34.- 6105 / 1 = ?

35.- 737 / 8 = ?

36.- 179 / 3 = ?

37.- 1868 / 3 = ?

38.- 226 / 7 = ?

39.- 643 / 1 = ?

40.- 6926 / 3 = ?

41.- 6433 / 1 = ?

42.- 2756 / 6 = ?

43.- 5890 / 5 = ?

44.- 538 / 9 = ?

45.- 809 / 7 = ?

46.- 998 / 9 = ?

47.- 5617 / 9 = ?

48.- 743 / 6 = ?

49.- 890 / 1 = ?

50.- 874 / 4 = ?

51.- 5876 / 7 = ?

52.- 3396 / 1 = ?

53.- 892 / 9 = ?

54.- 785 / 4 = ?

55.- 128 / 4 = ?

56.- 4598 / 5 = ?

57.- 1765 / 4 = ?

58.- 806 / 8 = ?

59.- 274 / 8 = ?

60.- 191 / 2 = ?

61.- 602 / 4 = ?

62.- 860 / 1 = ?

63.- 713 / 8 = ?

64.- 1664 / 1 = ?

65.- 6940 / 9 = ?

66.- 908 / 6 = ?

67.- 4533 / 7 = ?

68.- 7884 / 1 = ?

69.- 9616 / 8 = ?

70.- 341 / 3 = ?

71.- 6784 / 8 = ?

72.- 5613 / 8 = ?

73.- 272 / 6 = ?

74.- 1673 / 1 = ?

75.- 545 / 6 = ?

76.- 5439 / 3 = ?

77.- 896 / 2 = ?

78.- 2811 / 4 = ?

79.- 5258 / 7 = ?

80.- 1894 / 4 = ?

81.- 542 / 2 = ?

82.- 927 / 3 = ?

83.- 254 / 6 = ?

84.- 8988 / 1 = ?

85.- 298 / 5 = ?

86.- 9527 / 8 = ?

87.- 557 / 5 = ?

Raíz cuadrada 1

 10 min

1.- √ 315 = ?	30.- √ 586 = ?	59.- √ 830 = ?
2.- √ 923 = ?	31.- √ 27 = ?	60.- √ 683 = ?
3.- √ 633 = ?	32.- √ 114 = ?	61.- √ 871 = ?
4.- √ 264 = ?	33.- √ 605 = ?	62.- √ 183 = ?
5.- √ 847 = ?	34.- √ 447 = ?	63.- √ 398 = ?
6.- √ 942 = ?	35.- √ 456 = ?	64.- √ 664 = ?
7.- √ 273 = ?	36.- √ 725 = ?	65.- √ 921 = ?
8.- √ 553 = ?	37.- √ 675 = ?	66.- √ 212 = ?
9.- √ 242 = ?	38.- √ 778 = ?	67.- √ 734 = ?
10.- √ 707 = ?	39.- √ 202 = ?	68.- √ 930 = ?
11.- √ 646 = ?	40.- √ 20 = ?	69.- √ 75 = ?
12.- √ 759 = ?	41.- √ 517 = ?	70.- √ 480 = ?
13.- √ 839 = ?	42.- √ 67 = ?	71.- √ 569 = ?
14.- √ 172 = ?	43.- √ 131 = ?	72.- √ 474 = ?
15.- √ 657 = ?	44.- √ 643 = ?	73.- √ 511 = ?
16.- √ 310 = ?	45.- √ 319 = ?	74.- √ 644 = ?
17.- √ 108 = ?	46.- √ 838 = ?	75.- √ 218 = ?
18.- √ 280 = ?	47.- √ 251 = ?	76.- √ 23 = ?
19.- √ 123 = ?	48.- √ 741 = ?	77.- √ 597 = ?
20.- √ 806 = ?	49.- √ 515 = ?	78.- √ 247 = ?
21.- √ 488 = ?	50.- √ 751 = ?	79.- √ 636 = ?
22.- √ 868 = ?	51.- √ 534 = ?	80.- √ 135 = ?
23.- √ 363 = ?	52.- √ 439 = ?	81.- √ 329 = ?
24.- √ 246 = ?	53.- √ 944 = ?	82.- √ 716 = ?
25.- √ 189 = ?	54.- √ 199 = ?	83.- √ 959 = ?
26.- √ 12 = ?	55.- √ 427 = ?	84.- √ 392 = ?
27.- √ 499 = ?	56.- √ 755 = ?	85.- √ 665 = ?
28.- √ 563 = ?	57.- √ 860 = ?	86.- √ 286 = ?
29.- √ 934 = ?	58.- √ 50 = ?	87.- √ 528 = ?

PSICOTÉCNICOS DE SUCESIONES

(i) Resuelve las sucesiones en el menor tiempo posible.

(i) Puedes tomar anotaciones.

(i) **Sucesiones de letras**: Se utiliza el abecedario que contiene la Ñ, por lo que se compone de las siguientes letras:
A B C D E F G H I J K L M N Ñ O P Q R S T U V W X Y Z.

Sucesiones de números 1

 8 min

1.- 11 , 20 , 19 , 27 , 25 , 32 , 29 , ?   a) 36   b) 38   c) 35   d) 30

2.- 1 , 1 , 2 , 3 , 5 , 8 , ?   a) 12   b) 13   c) 5   d) 1

3.- 4 , 6 , 2 , 22 , 24 , 20 , 40 , ?   a) 42   b) 38   c) 44   d) 36

4.- 2 , 3 , 4 , 9 , 6 , 7 , 8 , 21 , 1 , 2 , 3 , ?   a) 6   b) 9   c) 22   d) 3

5.- 5 , 15 , 37 , 63 , ?   a) 101   b) 106   c) 102   d) 99

6.- 90 , 45 , 50 , 25 , 30 , 15 , ?   a) 25   b) 20   c) 15   d) 10

7.- 84 , 6 , 82 , 18 , 80 , 54 , 78 , ?   a) 76   b) 45   c) 162   d) 324

8.- 3 , 2 , 5 , 6 , 4 , 4 , 9 , 6 , ?   a) 6   b) 1   c) 2   d) 3

9.- 23 , 26 , 29 , 32 , 35 , 38 , ?   a) 40   b) 41   c) 43   d) 46

10.- 6 , 8 , 12 , 24 , 24 , 72 , 48 , ?   a) 216   b) 96   c) 24   d) 42

11.- 6 , 6 , 6 , 4 , 4 , 4 , 2 , 2 , 2 , ?   a) 1   b) 2   c) 3   d) 0

12.- 21 , 13 , 32 , 24 , 43 , 35 , ?   a) 46   b) 44   c) 54   d) 64

13.- 33 , 28 , 29 , 32 , 27 , 28 , 31 , 26 , 27 , ?   a) 29   b) 30   c) 31   d) 32

14.- 2 , 12 , 16 , 17 , 18 , ?   a) 19   b) 20   c) 23   d) 15

15.- 5 , 10 , 15 , 45 , 50 , 55 , ?   a) 80   b) 85   c) 40   d) 45

16.- 72 , 68 , 67 , 63 , 62 , 58 , ?   a) 55   b) 56   c) 57   d) 58

17.- 6 , 24 , 192 , 768 , 6144 , ?   a) 24576   c) 36556
                                                 b) 45576   d) 54776

18.- 18 , 9 , 3 , 6 , 3 , 1 , ?   a) 6   b) 9   c) 2   d) 3

19.- 50 , 49 , 17 , 23 , 22 , 8 , 14 , ?   a) 12   b) 10   c) 13   d) 1

20.- 5 , 14 , 41 , 122 , ?   a) 265   b) 365   c) 465   d) 565

Sucesiones de números 2

 8 min

1.- 6 , 15 , 33 , 69 , ?   a) 198   b) 256   c) 221   d) 141

2.- 2 , 10 , 12 , 16 , 17 , 18 , 19 , ?   a) 20   b) 200   c) 22   d) 29

3.- 102 - C - 204 - D - 308 - T - 416 , ?   a) A   b) C   c) D   d) Q

4.- 33 , 35 , 44 , 36 , 55 , ?   a) 37   b) 36   c) 47   d) 48

5.- 1 , 3 , 4 , 5 , 7 , 12 , 13 , 15 , ?   a) 16   b) 20   c) 25   d) 28

6.- 2 , 3 , 4 , 2 , 6 , 1 , 8 , ?   a) 3   b) 2   c) 10   d) 0

7.- 1 , 3 , 7 , 51 , ?   a) 1299   b) 1359   c) 2599   d) 3299

8.- 5 , 16 , 49 , ?   a) 147   b) 148   c) 130   d) 159

9.- 1 , 3 , 11 , 123 , ?   a) 226   b) 162   c) 15131   d) 3126

10.- 7 , 14 , 22 , 31 , 41 , ?   a) 52   b) 53   c) 54   d) 55

11.- 11 , 21 , 1211 , 111221 , 312211 , ?   a) 3121122   c) 13121121
                                                   b) 13112221   d) 2211312

12.- 2 , 4 , 4 , 3 , 6 , 2 , 8 , ?   a) 3   b) 2   c) 1   d) 0

13.- 9 , 7 , 5 , 6 , 4 , ?   a) 2   b) 3   c) 4   d) 5

14.- 3 , 4 , 7 , 11 , 18 , ?   a) 27   b) 28   c) 29   d) 30

15.- 2 , 4 , 8 , 16 , 32 , ?   a) 60   b) 62   c) 64   d) 66

16.- 30 , 5 , 1 , 4 , 12 , 6 , ?   a) 6   b) 3   c) 2   d) 1

17.- 90 , 45 , 50 , 25 , 30 , 15 , ?   a) 10   b) 20   c) 80   d) 50

18.- 6 , 9 , 15 , 24 , 36 , ?   a) 38   b) 39   c) 40   d) 51

19.- 121 , 81 , 49 , 25 , ?   a) 16   b) 9   c) 4   d) 12

20.- 44 , 40 , 36 , 18 , 14 , ?   a) 18   b) 7   c) 14   d) 40

Sucesiones de letras 1

 8 min

1.- A , C , E , G , ?   a) H   b) I   c) J   d) K

2.- B , D , F , H , ?   a) G   b) H   c) I   d) J

3.- B , M , W , H , ?   a) R   b) S   c) T   d) Q

4.- V , O , I , ?   a) A   b) B   c) K   d) L

5.- Y , A , L , N , X , Z , ?   a) I   b) J   c) K   d) L

6.- Z , X , U , Q , ?   a) K   b) L   c) M   d) N

7.- B , D , Ñ , P , ?   a) Z   b) A   c) B   d) C

8.- A , C , M , Ñ , X , ?   a) W   b) X   c) Y   d) Z

9.- P , N , L , ?   a) J   b) K   c) L   d) M

10.- A , B , C , E , H , M , ?   a) T   b) U   c) V   d) X

11.- J , R , N , L , T , O , N , V , ?   a) N   b) Ñ   c) Q   d) P

12.- B , J , G , C , K , H , D , L , ?   a) I   b) M   c) P   d) T

13.- L , P , T , W , ?   a) Z   b) X   c) W   d) Y

14.- F , M , A , M , J , ?   a) H   b) I   c) J   d) K

15.- C , H , M , Ñ , ?   a) P   b) Q   c) R   d) S

16.- B , L , U , E , ?   a) L   b) M   c) N   d) Ñ

17.- N , O , S , S , C , C , T , D , ?   a) T   b) U   c) V   d) W

18.- A , G , L , O , ?   a) P   b) Q   c) R   d) S

19.- L , E , R , E , I , E , U , E , F , ?   a) D   b) E   c) F   d) G

20.- B , C , A , L , M , E , U , V , I , E , F , O , Ñ , O , ?   a) R   b) S   c) T   d) U

Sucesiones de letras 2

 8 min

1.- R , R , R , R , A , T , T , T , B , V , V , C , ?   a) D   b) E   c) X   d) Y

2.- L , M , M , J , ?   a) T   b) U   c) V   d) W

3.- T , U , R , T , P , Q , Ñ , P , M , ?   a) N   b) Ñ   c) O   d) P

4.- M , Ñ , P , N , O , ?   a) P   b) Q   c) R   d) S

5.- D , F , E , G , F , ?   a) H   b) I   c) J   d) K

6.- G , I , L , N , P , R , ?   a) R   b) S   c) T   d) U

7.- A , B , D , G , K , ?   a) N   b) Ñ   c) O   d) P

8.- L , V , G , Q , B , ?   a) M   b) N   c) O   d) P

9.- S , W , B , F , ?   a) I   b) J   c) K   d) L

10.- D , E , H , I , M , N , ?   a) P   b) Q   c) R   d) S

11.- Z , A , C , F , J , N , P , ?   a) O   b) P   c) Q   d) R

12.- G , J , N , R , X , ?   a) D   b) E   c) F   d) G

13.- B , K , S , C , L , T , D , ?   a) M   b) K   c) I   d) U

14.- A , B , C , M , N , Ñ , X , Y , Z , ?   a) I   b) J   c) K   d) L

15.- M , Ñ , W , Y , ?   a) G   b) H   c) I   d) J

16.- M , N , P , Q , R , V , W , X , Y , ?   a) B   b) C   c) D   d) E

17.- C , K , S , A , ?   a) J   b) R   c) S   d) T

18.- F , O , Y , ?   a) G   b) H   c) I   d) J

19.- S , U , X , B , ?   a) D   b) E   c) F   d) G

20.- C , M , V , ?   a) E   b) F   c) G   d) H

Sucesiones mixtas 1

 8 min

1.-	H , M , Q , V , A , F , ?	a) I	b) J	c) K	d) L
2.-	9 , –6 , 6 , –4 , 3 , –2 , ?	a) 1	b) 0	c) –1	d) –3
3.-	50 , 60 , 35 , 30 , 20 , 15 , ?	a) 5	b) 9	c) 15	d) 19
4.-	U , C , A , I , ?	a) H	b) G	c) I	d) J
5.-	7 , 6 , 4 , 1 , –3 , ?	a) –10	b) –9	c) –8	d) –12
6.-	5 , 6 , 10 , 7 , 15 , 9 , 20 , ?	a) 13	b) 11	c) 25	d) 14
7.-	D , R , M , F , S , ?	a) L	b) A	c) Z	d) S
8.-	6 , 9 , 12 , 15 , 24 , 21 , ?	a) 12	b) 27	c) 48	d) 52
9.-	K , Ñ , S , W , ?	a) A	b) C	c) B	d) D
10.-	33 , 34 , 36 , 40 , ?	a) 46	b) 50	c) 44	d) 48
11.-	K , L , N , Q , ?	a) X	b) Y	c) Z	d) A
12.-	44 , 40 , 35 , 36 , 32 , 40 , 28 , ?	a) 24	b) 34	c) 16	d) 44
13.-	29 , 60 , 98 , 88 , ?	a) 688	b) 189	c) 689	d) 989
14.-	P , G , W , N , D , T , ?	a) H	b) I	c) J	d) K
15.-	D , W , P , J , C , ?	a) U	b) W	c) X	d) V
16.-	R , U , R , O , Q , T , M , N , V , J , ?	a) J	b) K	c) M	d) N
17.-	2 , 3 , 5 , 7 , 11 , ?	a) 9	b) 10	c) 12	d) 13
18.-	11 , 20 , 38 , 74 , 146 , ?	a) 282	b) 292	c) 280	d) 290
19.-	30 , 25 , 25 , 75 , 30 , 70 , 210 , 35 , ?	a) 205	b) 40	c) 215	d) 410
20.-	G , U , K , N , B , H , T , I , E , ?	a) Y	b) Z	c) A	d) B

PSICOTÉCNICOS MATEMÁTICOS

(i) Resuelve las preguntas en el menor tiempo posible.

(i) Puedes tomar anotaciones.

Reglas de tres 1

 12 min

1.- Dos ruedas están unidas por una correa transmisora. La primera tiene un radio de 25 cm y la segunda de 125 cm, cuando la primera dé 300 vueltas. ¿Cuántas vueltas habrá dado la segunda?

   a) 60   b) 1200   c) 1500   d) 1400

2.- 6 personas pagan por 10 días en un hotel, 900 euros, ¿Cuánto pagarán 4 personas por la misma cantidad de días?

   a) 290   b) 580   c) 600   d) 720

3.- Por 8 horas de trabajo Julián ha cobrado 60 euros. ¿Cuánto cobrará por 3 horas?

   a) 24   b) 22,5   c) 30   d) 15

4.- 3 obreros descargan un camión en dos horas. ¿Cuánto tiempo tardarán 9 obreros?

   a) 1 h   b) 36 min   c) 40 min   d) 45 min

5.- 3 kilogramos de carne cuestan 9 euros. ¿Cuánto podré comprar con 7 euros?

   a) 2 kg   b) 3 kg y 2/3   c) 2 kg y 1/3   d) 6 kg

6.- Una moto va a 30 km/h y tarda 40 minutos en realizar un trayecto. ¿Cuánto tardará un coche a 120 Km/h?

   a) 20 min   b) 2 h y 40 min   c) 10 min   d) 30 min

7.- Por 5 días trabajados Sergio ha ganado 290 euros. ¿Cuánto ganará por 18 días?

   a) 870   b) 1044   c) 970   d) 920

8.- Una máquina embotelladora llena 120 botellas en 20 minutos. ¿Cuántas botellas llenará en hora y media?

   a) 530   b) 540   c) 580   d) 640

9.- Una moto que va a 70 km/h necesita 20 minutos para recorrer la distancia entre dos pueblos. ¿Qué velocidad ha de llevar para hacer el recorrido en 14 minutos?

   a) 90   b) 120   c) 110   d) 100

10.- Un camión que carga 3 toneladas necesita realizar 20 viajes para transportar su carga. ¿Cuántos viajes necesitará para transportar la misma carga un camión que carga 5 toneladas?

   a) 14   b) 16   c) 10   d) 12

11.- Un ganadero tiene 10 vacas y pienso para alimentarlas durante 12 días. ¿Cuánto tiempo le durará el pienso si mueren 6 vacas?

  a) 30 días   b) 40 días   c) 20 días   d) 7 días y medio

12.- Para hacer una tarta de queso de 3 kilos utilizamos 1,20 kilos de queso. ¿Cuánto queso utilizaremos para hacer una tarta de 4,5 kilos?

  a) 1 kg   b) 2 kg   c) 1,80 kg   d) 1,50 kg

13.- Si 32 papeleras cuestan 288 euros ¿cuánto cuesta cada papelera?

  a) 8   b) 9   c) 10   d) 7

14.- Una obra es acabada por 15 albañiles en 200 días. ¿Cuántos albañiles tendremos que añadir para terminar la obra en 150 días?

  a) 20   b) 21   c) 18   d) 5

15.- Si por una prenda de ropa que costaba 80 euros he pagado 60 euros ¿Qué porcentaje de descuento me han hecho?

  a) 75%   b) 33,3%   c) 20%   d) 25%

16.- 5 personas viven en un hotel durante 12 días por 800 euros. ¿Cuánto costaría el hotel si fuesen 15 personas durante 8 días?

  a) 1600   b) 1400   c) 800   d) 900

17.- Con 10 botes conteniendo cada uno 1/2 kg de pintura se ha pintado 50 metros de pared. ¿Cuántos se necesitarán para pintar 8 decámetros?

  a) 45   b) 12   c) 16   d) 18

18.- Seis grifos tardan 10 horas en llenar un depósito de 400 litros de capacidad. ¿Cuántas horas tardarán 3 grifos en llenar un depósito de 800 litros?

  a) 40 h   b) 30 h   c) 45 h   d) 50 h

19.- X% de 60 = 18

  a) 33   b) 35   c) 30   d) 27

20.- X% de 25 = 5

  a) 15   b) 20   c) 25   d) 5

Reglas de tres 2

 12 min

1.- Quisiera comprar en una tienda 16 camisetas por 96 euros, sin embargo, solo dispongo de dinero para comprar 13. ¿De cuánto dispongo?

   a) 72 euros   b) 84 euros   c) 78 euros   d) 90 euros

2.- En 1 hora y 15 minutos leo 22 páginas de un libro. Si el libro tiene 286 páginas, ¿cuánto tiempo tardaré en leerlo?

   a) 13 h y 15 min   b) 16 h y 15 min   c) 15 h y 45 min   d) 12 h y 30 min

3.- Un depósito lleno de agua tarda 16 minutos en vaciarse abriendo 5 desagües. Si queremos que se vacíe en 8 minutos, ¿cuántos desagües hay que abrir?

   a) 3   b) 7   c) 9   d) 10

4.- 6 tractores pueden remover 800 m^3 de tierra en 2 horas. ¿Cuánto tiempo necesitarán 8 tractores para remover 1200 m^3 de tierra?

   a) 2 h y 25 min   b) 1 h y 45 min   c) 1 h   d) 2 h y 15 min

5.- Para abonar un terreno de 3500 m^2 necesitamos de 50 kg de abono. Si compramos 15 kg más, ¿cuántos m^2 puedo abonar en total?

   a) 1050 m^2 b) 4000 m^2 c) 4550 m^2 d) 5200 m^2

6.- 3 personas pagan 750 euros por vivir en un hotel durante 5 días. ¿Cuánto pagarán 15 personas si su estancia dura 10 días?

   a) 8500 euros   b) 9000 euros   c) 7500 euros   d) 6000 euros

7.- Una rueda da 320 vueltas en 12 minutos. ¿Cuántas vueltas dará en 2,5 horas?

   a) 4000   b) 4400   c) 3200   d) 3600

8.- Un conche consume 7 litros de gasolina cada 100 km. ¿Cuántos kilómetros recorrerá con 31 litros?

   a) 440 km   b) 442 km   c) 460 km   d) 462 km

9.- Una piscina con 4 grifos tarda en llenarse 24 horas. Si abrimos un grifo más, ¿Cuánto tardará en llenarse?

   a) 30 h   b) 19 h y 15 min   c) 20 h   d) 19 h y 12 min

10.- En 60 litros de agua de mar hay 1800 g de sal. ¿Cuántos litros hace falta para obtener 5700 g de sal?

   a) 180 litros   b) 190 litros   c) 200 litros   d) 210 litros

11.- Con un depósito de agua pueden beber 30 ovejas durante 6 días. Si se venden 12 ovejas, ¿cuántos días durará el agua?

a) 10 días   b) 4 días   c) 12 días   d) 8 días

12.- 4 albañiles tardan 7 en montar 280 puertas de un hotel. ¿Cuántos albañiles hacen falta para terminar el trabajo en 2 días?

a) 2   b) 8   c) 12   d) 14

13.- 6 pintores pintan 120 cuadros en 20 días. ¿Cuántos pintores son necesarios para pintar 150 cuadros en 6 días?

a) 25   b) 20   c) 16   d) 14

14.- Durante 10 días, una familia de 4 miembros ha gastado 500 euros en alimentación. ¿Cuánto gastaría una pareja en 15 días?

a) 400   b) 660   c) 375   d) 600

15.- Si 6 niños pueden comer 180 caramelos en 2 horas, ¿cuántas horas tardarán 3 niños en comer 120 caramelos?

a) 6 h   b) 3 h y 20 min   c) 2 h y 36 min   d) 2 h y 40 min

16.- En una empresa, 120 raciones de comida alimentan a 40 empleados durante 20 días. ¿Cuántas raciones adicionales serían necesarias para 60 empleados y 80 días?

a) 960   b) 720   c) 200   d) 180

17.- 5 grifos abiertos durante 5 horas consumen agua con un coste de 30 euros. ¿Cuánto nos costaría abrir 10 grifos durante 15 horas?

a) 45 euros   b) 5 euros   c) 180 euros   d) 90 euros

18.- 3 Amigos ponen 8,2 euros cada uno para hacer un regalo. Si dos amigos más quieren participar en el regalo, ¿cuánto debe poner cada uno?

a) 5,15 euros   b) 4,92 euros   c) 13,66 euros   d) 6,2 euros

19.- Enviar un paquete de 5 kg a 300 km de distancia, cuesta 9 euros. ¿Cuánto costaría enviar un paquete de 8 kg a 450 km de distancia?

a) 16 euros   b) 3,75 euros   c) 21,6 euros   d) 15,8 euros

20.- 4 grifos de agua llenan 300 litros de agua en 20 minutos. ¿Cuántos litros llenarán 12 grifos en 10 minutos?

a) 400 litros   b) 600 litros   c) 450 litros   d) 200 litros

Porcentajes 1

 8 min

1.- 33% de 60
  a) 20
  b) 0,2
  c) 2
  d) 19,8

2.- 43% de 20
  a) 8,7
  b) 8,6
  c) 4,3
  d) 9,6

3.- 84% de 30
  a) 25,3
  b) 25,4
  c) 24,8
  d) 25,2

4.- 34% de 21
  a) 7,14
  b) 71,4
  c) 70,1
  d) 68,8

5.- 41% de 85
  a) 34,85
  b) 45,85
  c) 50,85
  d) 55,85

11.- 20% de 110
  a) 24
  b) 21
  c) 22
  d) 21,5

12.- 12% de 50
  a) 7
  b) 6
  c) 6,6
  d) 66

13.- 66,6% de 90
  a) 30
  b) 50
  c) 60
  d) 66

14.- 75% de 80
  a) 40
  b) 75
  c) 60
  d) 70

15.- 80% de 520
  a) 420
  b) 416
  c) 426
  d) 415

6.- 15% de 60
 a) 10
 b) 9,5
 c) 9
 d) 8,5

7.- 7% de 210
 a) 15,7
 b) 14,7
 c) 25
 d) 29,4

8.- 28% de 60
 a) 16,8
 b) 20
 c) 30,8
 d) 19,8

9.- 50% de 96
 a) 48
 b) 49
 c) 47
 d) 46

10.- 25% de 84
 a) 22
 b) 21
 c) 20
 d) 31

16.- 40% de 200
 a) 80
 b) 88
 c) 60
 d) 90

17.- 38% de 29
 a) 11,02
 b) 14,51
 c) 17,12
 d) 16,02

18.- 90% de 15
 a) 10,5
 b) 12,5
 c) 13,5
 d) 15,5

19.- 150% de 30
 a) 22,5
 b) 22
 c) 25
 d) 45

20.- 120% de 60
 a) 7,2
 b) 72
 c) 8,4
 d) 74

Porcentajes 2

🕐 8 min

1.- 40% de X = 22
   a) 50
   b) 44
   c) 40
   d) 55

2.- 15% de X = 50
   a) 200
   b) 180
   c) 400
   d) 333 y 1/3

3.- 25% de X = 10
   a) 40
   b) 50
   c) 30
   d) 20

4.- 50% de X = 175
   a) 300
   b) 325
   c) 350
   d) 375

5.- 60% de X = 120
   a) 180
   b) 200
   c) 240
   d) 220

11.- 20% de X = 4
   a) 10
   b) 15
   c) 20
   d) 25

12.- 23% de X = 23
   a) 10
   b) 1
   c) 100
   d) 230

13.- 27% de X = 5,4
   a) 20
   b) 22
   c) 24
   d) 25

14.- X% de 20 = 80
   a) 25
   b) 50
   c) 400
   d) 250

15.- X% de 30 = 10
   a) 33
   b) 23
   c) 34
   d) Ninguna es correcta

6.- 33% de X = 180

  a) 50

  b) 70

  c) 60

  d) Ninguna es correcta

7.- 38% de X = 76

  a) 150

  b) 200

  c) 180

  d) Ninguna es correcta

8.- 43% de X = 129

  a) 310

  b) 300

  c) 330

  d) Ninguna es correcta

9.- 25% de X = 15

  a) 50

  b) 5

  c) 325

  d) 60

10.- 33 y 1/3% de X = 32

  a) 31

  b) 32

  c) 3

  d) Ninguna es correcta

16.- X% de 27 = 18

  a) 66

  b) 67

  c) 66 y 2/3

  d) Ninguna es correcta

17.- X% de 30 = 80

  a) 26 y 2/3

  b) 26 y 1/3

  c) 266 y 2/3

  d) 266 y 1/3

18.- X% de 15 = 2,85

  a) 30

  b) 19

  c) 25

  d) 40

19.- X% de 60 = 18

  a) 33

  b) 35

  c) 30

  d) 27

20.- X% de 25 = 5

  a) 15

  b) 20

  c) 25

  d) 5

Intervalos numéricos 1

(🕐) 8 min

1.- ¿Cuántos números hay entre el 33 y 45, ambos exclusive?
  a) 10　　　b) 11　　　c) 12　　　d) 13

2.- ¿Y entre el 18 y 22, ambos inclusive sin contar los impares?
  a) 2　　　b) 3　　　c) 4　　　d) 5

3.- ¿Cuántos números hay entre el 30 y 50, ambos exclusive, sin contar los pares?
  a) 7　　　b) 8　　　c) 9　　　d) 10

4.- ¿26 y 98, ambos inclusive, sin contar los impares?
  a) 35　　　b) 36　　　c) 37　　　d) 38

5.- ¿Y si fueran exclusive?
  a) 35　　　b) 36　　　c) 37　　　d) 38

6.- ¿Cuántos números hay entre 62 y 97, ambos inclusive sin contar los pares?
  a) 16　　　b) 17　　　c) 18　　　d) 19

7.- ¿42 y 84, ambos inclusive, sin contar los pares?
  a) 20　　　b) 21　　　c) 22　　　d) 23

8.- ¿Y si ambos números estuvieran excluidos?
  a) 18　　　b) 19　　　c) 20　　　d) 21

9.- ¿Cuántos números hay entre 87 y 124, ambos exclusive sin contar los impares?
  a) 16　　　b) 17　　　c) 18　　　d) 36

10.- ¿Cuántos números hay entre el 68 y 163 ambos inclusive, sin contar los impares?
  a) 47　　　b) 48　　　c) 49　　　d) 50

11.- ¿Y exclusive sin contar los pares?
  a) 45　　　b) 48　　　c) 46　　　d) 47

12.- ¿Cuántos números hay entre 25 y 95 ambos exclusive?

  a) 39   b) 40   c) 69   d) 71

13.- ¿Cuántos números hay entre 12 y 64 ambos inclusive, sin contar los pares?

  a) 25   b) 26   c) 27   d) 53

14.- ¿Cuántos números hay entre 35 y 63 ambos exclusive, sin contar los impares de 2 cifras?

  a) 14   b) 13   c) 12   d) 15

15.- ¿Cuántos números hay entre el 72 y el 96 ambos inclusive, sin contar los pares?

  a) 10   b) 11   c) 12   d) 13

16.- ¿Y entre 50 y 264 ambos inclusive, sin contar los pares de 2 cifras?

  a) 107   b) 108   c) 190   d) 214

17.- ¿Y sin contar los pares de 3 cifras?

  a) 214   b) 132   c) 107   d) 108

18.- ¿Cuántos números hay entre 672 y 1033, ambos inclusive, sin contar los impares de 4 cifras?

  a) 345   b) 362   c) 171   d) 181

19.- ¿Cuántos números hay entre el 128 y el 359 ambos exclusive, sin contar los impares y los números que terminan en 5?

  a) 230   b) 115   c) 114   d) 329

20.- ¿Cuántos números pares de 2 cifras podemos encontrar?

  a) 44   b) 40   c) 50   d) 45

Intervalos numéricos 2

 8 min

1.- ¿Cuántos números hay entre el 9 y el 199, ambos inclusive, sin contar los de 3 cifras ni los acabados en 9?

   a) 79   b) 80   c) 81   d) 180

2.- ¿Cuántos impares de 2 cifras, sin contar los acabados en 7, podemos encontrar?

   a) 46   b) 40   c) 36   d) 38

3.- ¿Cuántos números hay entre el 93 y el 183, ambos inclusive, sin contar los impares de 3 cifras ni los acabados en 3?

   a) 48   b) 90   c) 49   d) 91

4.- ¿Cuántos números hay entre 20 y 45, ambos exclusive, sin contar los impares?

   a) 12   b) 11   c) 10   d) 9

5.- ¿Cuántos números hay entre el 980 y el 1051, ambos inclusive, sin contar los de 3 cifras?

   a) 51   b) 52   c) 72   d) 73

6.- ¿Cuántos pares de 3 cifras podemos encontrar?

   a) 451   b) 500   c) 450   d) 499

7.- ¿Cuántos números hay entre el 890 y el 1100, ambos inclusive, sin contar los pares de 3 cifras?

   a) 210   b) 186   c) 160   d) 156

8.- ¿Cuántos números hay entre el 32 y el 62, ambos exclusive, sin contar los acabados en 7?

   a) 26   b) 27   c) 28   d) 29

9.- ¿Cuántos impares de 3 cifras podemos encontrar?

   a) 451   b) 450   c) 501   d) 500

10.- ¿Cuántos impares de 3 cifras, sin contar los acabados en 0, podemos encontrar?

   a) 500   b) 450   c) 360   d) 400

11.- ¿Cuántos números hay entre el 84 y el 114, ambos inclusive, sin contar los pares de 2 cifras ni los acabados en 1?

a) 21   b) 20   c) 19   d) 18

12.- ¿Cuántos números hay entre el 130 y el 170, ambos inclusive, sin contar los acabados en 0?

a) 33   b) 34   c) 35   d) 36

13.- ¿Cuántos números hay entre 9 y 78, ambos inclusive?

a) 69   b) 70   c) 71   d) 72

14.- ¿Cuántos números hay entre el 1161 y el 1387, ambos inclusive, sin contar los impares ni los acabados en 8?

a) 90   b) 91   c) 92   d) 93

15.- ¿Cuántos números hay entre el 47 y el 157, ambos inclusive, sin contar los pares de 2 cifras?

a) 85   b) 86   c) 87   d) 88

16.- ¿Cuántos números hay entre el 43 y el 113, ambos inclusive, sin contar los impares ni los acabados en 4?

a) 68   b) 38   c) 48   d) 28

17.- ¿Cuántos números hay entre 27 y 63, ambos inclusive?

a) 37   b) 38   c) 39   d) 40

18.- ¿Cuántos números hay entre 33 y 87, ambos exclusive, sin contar los impares?

a) 25   b) 26   c) 27   d) 28

19.- ¿Cuántos números hay entre el 61 y el 131, ambos exclusive, sin contar los de 2 cifras ni los acabados en 3?

a) 70   b) 29   c) 68   d) 28

20.- ¿Cuántos números hay entre el 886 y el 1082, ambos inclusive, sin contar los de 4 cifras?

a) 111   b) 112   c) 113   d) 114

Permutaciones 1

 8 min

¿De cuántas formas posibles podemos colocar las siguientes palabras, tengan sentido o no?

1.- MITO	8.- MITIN	15.- CIPRES
2.- MENA	9.- ASEA	16.- BARCAS
3.- MEA	10.- MASTER	17.- LUNIS
4.- AMA	11.- MOSCO	18.- ALANA
5.- LIOSA	12.- KAAKA	19.- BISONTE
6.- LEEIS	13.- TRESTON	20.- MAMA
7.- VOSTEZO	14.- SESERA	

21.- ¿De cuántas formas posibles puedo colocar 6 libros en una estantería con 6 huecos?

  a) 120   b) 320   c) 720   d) ninguna es correcta

22.- En una clase hay 5 sillas ¿de cuántas formas pueden sentarse 5 niños?

  a) 120   b) 320   c) 720   d) ninguna es correcta

23.- ¿De cuántas formas puedo ordenar los siguientes números?: 1 2 3 4

  a) 24   b) 12   c) 6   d) Ya están ordenados

24.- ¿De cuántas formas puedo colocar la palabra TIO en tres espacios, teniendo en cuenta que cada espacio solo puede ser llenado por una letra?

  a) 24   b) 12   c) 6   d) 3

Variaciones 1

 8 min

1.- Tenemos 6 libros y 4 espacios en una estantería ¿De cuántas formas posibles se pueden colocar?

  a) 36   b) 120   c) 360   d) 720

2.- Hay 3 niños y 5 sillas en una clase ¿De cuántas formas posibles se pueden sentar?

  a) 20   b) 60   c) 120   d) 25

3.- ¿Cuántos números de 2 cifras podemos obtener con los números 0, 1, 2, 3, 4 y 5?

  a) 36   b) 25   c) 64   d) 32

4.- Hay 5 perchas y 7 chaquetas ¿De cuántas formas posibles las podemos colocar?

  a) 35   b) 16807   c) 2520   d) 840

5.- Tenemos 4 carpetas y 5 estanterías ¿Cuántas formas posibles hay de colocarlos?

  a) 16   b) 24   c) 60   d) 120

6.- ¿Cuántos números de 2 cifras podemos obtener con los números 4, 6, 8?

  a) 4   b) 9   c) 18   d) 6

7.- ¿Cuántos números de 3 cifras podemos obtener con los números 1, 2, 3 y 4?

  a) 12   b) 81   c) 64   d) 27

8.- Tenemos 8 pelotas y 4 espacios en una caja ¿De cuántas formas posibles se pueden guardar?

  a) 336   b) 1680   c) 6720   d) 2016

9.- ¿Cuántos números de 4 cifras podemos obtener con los números 2, 6, 9?

  a) 81   b) 27   c) 64   d) 17

10.- ¿Cuántos números de 2 cifras podemos obtener con los números 3, 5, 7 y 8?

  a) 4   b) 12   c) 16   d) 20

11.- Hay 6 personas y 7 sillas en un aula ¿De cuántas formas posibles se pueden sentar?

a) 42   b) 720   c) 2520   d) 5040

12.- ¿Cuántos números de 4 cifras podemos obtener con los números 0, 2, 4 y 6?

a) 16   b) 27   c) 64   d) 256

13.- Tenemos 3 calcetines y 3 cajones ¿Cuántas formas hay para colocarlos?

a) 6   b) 9   c) 3   d) 1

14.- ¿Cuántos números de 3 cifras podemos obtener con los números 5, 6, 7 y 8?

a) 256   b) 64   c) 144   d) 130

15.- Hay 2 libros y 4 espacios en una estantería ¿De cuántas formas posibles podemos colocarlos?

a) 4   b) 8   c) 12   d) 24

16.- ¿Cuántos números de 2 cifras podemos obtener con los números 6, 2, 1, 0?

a) 8   b) 16   c) 64   d) 18

17.- ¿Cuántos números de 4 cifras podemos obtener con los números 4, 4, 6 y 7?

a) 27   b) 130   c) 81   d) 256

18.- Hay 9 perchas y 6 chaquetas ¿De cuántas obtener podemos colocarlas?

a) 60460   b) 60440   c) 60880   d) 60480

19.- ¿Cuántos números de 5 cifras podemos obtener con los números 2, 3 y 4?

a) 243   b) 81   c) 25   d) 625

20.- ¿Cuántos números de 3 cifras podemos obtener con los números 1, 3, 5, 7 y 9?

a) 325   b) 243   c) 125   d) 225

Combinaciones 1

8 min

1.- ¿Cuántas parejas puedo formar con un grupo de 6 personas?
   a) 10   b) 15   c) 30   d) 720

2.- ¿Cuántas parejas puedo formar con un grupo de 8 personas?
   a) 27   b) 26   c) 28   d) 29

3.- ¿Cuántas parejas puedo formar con un grupo de 11 personas?
   a) 60   b) 110   c) 55   d) 45

4.- ¿Cuántas parejas puedo formar con un grupo de 10 personas?
   a) 45   b) 50   c) 40   d) Ninguna es correcta

5.- ¿Cuántas parejas puedo formar con un grupo de 5 personas?
   a) 10   b) 120   c) 20   d) Ninguna es correcta

6.- ¿Cuántos tríos puedo formar con un grupo de 10 personas?
   a) 720   b) 45   c) 120   d) Ninguna es correcta

7.- ¿Cuántos tríos puedo formar con un grupo de 6 personas?
   a) 120   b) 20   c) 720   d) Ninguna es correcta

8.- ¿Cuántos tríos puedo formar con un grupo de 5 personas?
   a) 120   b) 12   c) 15   d) Ninguna es correcta

9.- ¿Cuántos tríos puedo formar con un grupo de 7 personas?
   a) 30   b) 210   c) 35   d) No se pueden formar tríos

10.- ¿Cuántos tríos puedo formar con un grupo de 4 personas?
   a) 4   b) 6   c) 12   d) 24

11.- ¿Cuántas parejas puedo formar con un grupo de 3 personas?
   a) 2   b) 3   c) 6   d) Ninguna es correcta

12.- ¿Cuántas parejas puedo formar con un grupo de 4 personas?

   a) 4   b) 10   c) 6   d) 12

13.- ¿Cuántas parejas puedo formar con un grupo de 12 personas?

   a) 66   b) 60   c) 55   d) 72

14.- ¿Cuántas Grupos de 4 puedo formar con 8 personas?

   a) 2   b) 70   c) 520   d) 420

15.- ¿Cuántas parejas puedo formar con un grupo de 7 personas?

   a) 21   b) 42   c) 15   d) Ninguna es correcta

16.- ¿Cuántos tríos puedo formar con un grupo de 9 personas?

   a) 504   b) 84   c) 8   d) 252

17.- ¿Cuántos grupos de 4 puedo formar con 5 personas?

   a) 20   b) 5   c) 10   d) Ninguna es correcta

18.- ¿Cuántos grupos de 4 puedo formar con 4 personas?

   a) 1   b) 0   c) 4   d) Ninguna es correcta

19.- ¿Cuántos tríos puedo formar con un grupo de 2 personas?

   a) 1   b) 2   c) 3   d) Ninguna es correcta

20.- ¿Cuántos grupos de 5 puedo formar con 7 personas?

   a) 21   b) 42   c) 30   d) 50

PSICOTÉCNICOS DE PROBLEMAS

(i) Resuelve las preguntas en el menor tiempo posible.

(i) Puedes tomar anotaciones.

Familias 1

1.- Marta y María tienen 5 y 10 años, su padre tiene 35. ¿Cuántos años han de pasar para que la suma de las edades de las hermanas sea igual a la del padre?

   a) 10   b) 20   c) 15   d) 30

2.- Una madre tiene 33 años y sus 2 hijos tienen 3 y 10 años. ¿Cuántos años han de pasar para que la suma de estos sea igual a la edad de la madre?

   a) 10   b) 20   c) 15   d) 30

3.- 3 hermanas tienen 5, 10 y 3 años, su padre tiene 34. ¿Cuántos años han de pasar para que la suma de las edades de las hermanas sea igual a la del padre?

   a) 6   b) 7   c) 8   d) 9

4.- 3 hermanas tienen 6, 5 y 10 años, su madre tiene 33. ¿Cuántos años han de pasar para que la suma de las edades de las hermanas sea igual a la de la madre?

   a) 6   b) 7   c) 8   d) 9

5.- Una madre tiene 44 años y sus 4 hijos tienen 3, 5, 5 y 10 años. ¿Cuántos años han de pasar para que la suma de éstos sea igual a la edad de la madre?

   a) 6   b) 7   c) 8   d) 9

6.- 4 hermanas tienen 6, 7, 5 y 10 años, su madre tiene 34. ¿Cuántos meses han de pasar para que la suma de las edades de las hermanas sea igual a la de la madre?

   a) 2   b) 18   c) 16   d) 24

7.- 4 hermanas tienen 3, 7, 5 y 10 años, su madre tiene 49. ¿Cuántos años han de pasar para que la suma de las edades de las hermanas sea igual a la de la madre?

   a) 6   b) 7   c) 8   d) 9

8.- 5 hermanas tienen 1, 2, 3, 5 y 8 años, su madre tiene 39 años. ¿Cuántos años han de pasar para que la suma de las edades de las hermanas sea igual a la de la madre?

   a) 5   b) 6   c) 7   d) Ninguna es correcta

9.- 5 hermanas tienen 1, 2, 3, 4 y 5 años, su madre tiene 35 años. ¿Cuántos años han de pasar para que la suma de las edades de las hermanas sea igual a la de la madre?

   a) 5   b) 6   c) 7   d) Ninguna es correcta

10.- 3 hermanas gemelas tienen 5 años, su padre tiene 20 y su madre tiene 25 ¿Cuántos años han de pasar para que la suma de las edades de las gemelas sea igual a la suma de las edades de los padres?

   a) 15   b) 30   c) 45   d) 60

11.- Un hijo tiene 15 años y su padre tiene 51 ¿Cuántos años han de pasar para que la edad del padre sea el doble que la del hijo?

a) 36   b) 21   c) 20   d) 25

12.- Un hijo tiene 21 años y su padre tiene 51 ¿Cuántos años han de pasar para que la edad del padre sea el doble que la del hijo?

a) 11   b) 9   c) 13   d) 8

13.- Un hijo tiene 15 años y su padre tiene 51 ¿Cuántos años han de pasar para que la edad del padre sea el triple que la del hijo?

a) 3   b) 2   c) 6   d) 1

14.- Un hijo tiene 20 años y su padre tiene 60 ¿Cuántos años han de pasar para que la edad del padre sea el triple que la del hijo?

a) 2   b) 1   c) 3   d) Ninguna es correcta

15.- Un hijo tiene 11 años y su padre tiene 50 ¿Cuántos años han de pasar para que la edad del padre sea el cuádruple que la del hijo?

a) 3   b) 2   c) 6   d) 1

16.- Un hijo tiene 5 años, su padre tiene 25 y su madre 25, ahora su edad equivale a la quinta parte de cada uno de ellos. ¿Cuántos años han de pasar para que la edad del hijo sea 1/12 de la suma de las edades de ambos padres?

a) -1   b) 1   c) 0   d) Ninguna es correcta

17.- La suma de 3 hijos es igual a los 2 tercios de la edad de la madre, si la madre tiene 60 años ¿cuántos años han de pasar para que la suma de las edades de los hermanos sea igual a la edad de la madre?

a) 10   b) 5   c) 20   d) 15

18.- Una madre tiene 32 años y sus 4 hijos tienen 3, 5, 5 y 10 años. ¿Cuántos años han de pasar para que la suma de éstos sea igual a la edad de la madre?

a) 6   b) 3   c) 2   d) 9

19.- Marta y María tienen 2 y 6 años, su padre tiene 30. ¿Cuántos años han de pasar para que la suma de las edades de las hermanas sea igual a la del padre?

a) 21   b) 22   c) 20   d) 30

20.- La suma de 4 hijos es igual a los 3/10 de la edad de la madre, si la madre tiene 30 años ¿Cuántos años han de pasar para que la suma de las edades de los hermanos sea igual a la edad de la madre?

a) 7   b) 6   c) 8   d) 9

Familias 2

 8 min

1.- Una madre tiene el triple de edad que su hijo, dentro de 10 años tendrá el doble. ¿Qué edad tendrá la madre?

   a) 10   b) 20   c) 30   d) 40

2.- Una madre tiene el triple de edad que su hijo, dentro de 15 años tendrá el doble. ¿Qué edad tendrá la madre?

   a) 15   b) 30   c) 45   d) 60

3.- Una madre tiene el triple de edad que su hijo, dentro de 12 años tendrá el doble. ¿Qué edad tendrá el hijo?

   a) 12   b) 24   c) 36   d) 48

4.- Una madre tiene el triple de edad que su hijo, dentro de 14 años tendrá el doble. ¿Qué edad tendrá la madre?

   a) 14   b) 28   c) 42   d) 56

5.- Una madre tiene el cuádruple de edad que su hijo, dentro de 10 años tendrá el doble. ¿Qué edad tendrá la madre?

   a) 10   b) 5   c) 20   d) 30

6.- Una madre tiene el cuádruple de edad que su hijo, dentro de 10 años tendrá el triple. ¿Qué edad tiene la madre sin que hayan pasado los 10 años?

   a) 60   b) 70   c) 80   d) 90

7.- Una madre tiene el quíntuple de edad que su hijo, dentro de 12 años tendrá el doble. ¿Qué edad tendrá la madre?

   a) 16   b) 4   c) 32   d) 26

8.- Una madre tiene el quíntuple de edad que su hijo, dentro de 6 años tendrá el triple. ¿Qué edad tendrá la madre?

   a) 34   b) 30   c) 32   d) 36

9.- Una madre tiene el triple de edad que su hijo, dentro de 7 años tendrá el doble. ¿Qué edad tendrá la madre?

   a) 21   b) 27   c) 28   d) 36

10.- Una madre tiene el cuádruple de edad que su hijo, dentro de 18 años tendrá el doble. ¿Qué edad tendrá la madre?

   a) 9   b) 27   c) 54   d) 46

11.- Una madre tiene el cuádruple de edad que su hijo, dentro de 11 años tendrá el triple. ¿Qué edad tendrá la madre?

  a) 77   b) 88   c) 99   d) 66

12.- Una madre tiene el quíntuple de edad que su hijo, dentro de 15 años tendrá el doble. ¿Qué edad tendrá la madre?

  a) 40   b) 25   c) 30   d) 35

13.- Una madre tiene el quíntuple de edad que su hijo, dentro de 8 años tendrá el triple. ¿Qué edad tendrá el hijo?

  a) 8   b) 12   c) 16   d) 20

14.- Una madre tiene el doble de edad que su hijo, dentro de 14 años tendrá 4 veces más. ¿Qué edad tendrá la madre?

  a) 28   b) 21   c) 26   d) 14

15.- Una madre tiene el cuádruple de edad que su hijo, dentro de 10 años la edad del hijo será la mitad de la edad de la madre. ¿Cuántos años tiene el hijo?

  a) 20   b) 8   c) 10   d) 5

16.- Una madre tiene el triple de edad que su hijo, dentro de 12 años tendrá el doble. ¿Qué edad tendrá el hijo?

  a) 12   b) 16   c) 20   d) 24

17.- Una madre tiene el cuádruple de edad que su hijo, dentro de 10 años tendrá el triple. ¿Qué edad tendrá el hijo?

  a) 20   b) 30   c) 40   d) 15

18.- Una madre tiene el quíntuple de edad que su hijo, dentro de 15 años tendrá el doble. ¿Qué edad tendrá la el hijo?

  a) 20   b) 15   c) 10   d) 5

19.- Una madre tiene el cuádruple de edad que su hijo, dentro de 16 años la edad del hijo será la mitad de la edad de la madre ¿Cuántos tendrá la madre?

  a) 24   b) 32   c) 48   d) 52

20.- Una madre tiene el cuádruple de edad que su hijo, dentro de 11 años tendrá el triple. ¿Qué edad tendrá el hijo?

  a) 22   b) 11   c) 33   d) 44

Familias 3

1.- La suma de las edades de cuatro hermanas es la misma de la de la madre. Si nacieron hace 12 años, ¿cuántos años han de pasar para que la suma de las edades de las hermanas sea el doble de la edad de la madre?

   a) 12   b) 24   c) 16   d) 29

2.- La suma de las edades de seis hermanos es la mitad de la de la madre. Si la madre tiene 70 años, ¿cuántos años han de pasar para que la suma de las edades de los hermanos sea la misma que la edad de la madre?

   a) 7   b) 9   c) 8   d) 6

3.- La suma de las edades de cuatro hermanas es 14. Si el padre tiene 53 años, ¿cuántos años han de pasar para que la suma de las edades de las hermanas sea dos quintos de la edad del padre?

   a) 4   b) 3   c) 2   d) 1

4.- Un padre tiene 30 años y sus hijas 5, 10 y 5. ¿Cuántos años han de pasar para que la suma de las edades de las hermanas sea el doble de la edad del padre?

   a) 40   b) 30   c) 20   d) 10

5.- Un hijo tiene 7 años y su madre 28. ¿Cuántos años han de pasar para que la edad de la madre sea el doble de la edad de su hijo?

   a) 11   b) 12   c) 13   d) 14

6.- La suma de las edades de cinco hermanos es 30. Si la madre tiene 58 años, ¿cuántos años han de pasar para que la suma de las edades de los hermanos sea dos tercios de la edad de la madre?

   a) 8   b) 6   c) 4   d) 2

7.- Dentro de 8 años una madre tendrá el triple de edad que su hijo. Si ahora la madre tiene el quíntuple, ¿cuántos años tendrá la madre?

   a) 52   b) 40   c) 48   d) 46

8.- Dentro de 3 años un hijo tendrá un tercio de edad que su padre. Si ahora el hijo tiene un quinto, ¿qué edad tiene el hijo?

   a) 5   b) 4   c) 3   d) 2

9.- Un hijo tiene 2 años, su madre 19 y su padre 21. ¿Cuántos años han de pasar para que la edad del hijo sea un cuarto de la suma de las edades de sus padres?

   a) 10   b) 12   c) 14   d) 16

10.- María tiene 6 años más que Fernando, dentro de 22 años la suma de sus edades será dos tercios de la de su abuela, que tendrá 90. ¿Qué edad tiene María?

   a) 6   b) 8   c) 9   d) 11

11.- Un padre tiene el triple de edad que su hija, y dentro de 13 años tendrá el doble. ¿Cuántos años tiene el padre?

   a) 13   b) 39   c) 26   d) 52

12.- Dos hermanas tienen 7 y 13 años y su padre 40. ¿Cuántos años han de pasar para que la suma de las edades de las hermanas sea tres cuartos de la edad del padre?

   a) 8   b) 9   c) 10   d) 12

13.- Alba tiene 4 años menos que Juan, dentro de 8 años la suma de sus edades será un cuarto de la de su bisabuelo, que tendrá 88. ¿Qué edad tendrá Alba?

   a) 7   b) 8   c) 9   d) 10

14.- La suma de las edades de siete hermanos es la mitad de la del padre. Si el padre tiene 70 años, ¿cuántos años han de pasar para que la suma de las edades de los hermanos sea el doble de la edad del padre?

   a) 21   b) 18   c) 15   d) 12

15.- Una hija tiene 4 años y su padre 22. ¿Cuántos años han de pasar para que la edad de la hija sea tres cuartos de la edad de su padre?

   a) 25   b) 50   c) 34   d) 46

16.- Cinco hermanas tienen 9, 3, 11, 3 y 10 años, su madre 25 y su padre 41. ¿Cuántos años han de pasar para que la suma de las edades de las hermanas sea la misma que la suma de las edades de sus padres?

   a) 8   b) 10   c) 12   d) 14

17.- Sara tiene 5 años más que Víctor, dentro de 9 años la suma de sus edades será la mitad de la de su abuelo, que tendrá 90. ¿Qué edad tiene Sara?

   a) 13   b) 14   c) 15   d) 16

18.- Ramón tiene 8 años menos que Paula, dentro de 6 años la suma de sus edades será un tercio de la de su bisabuela, que tendrá 78. ¿Qué edad tendrá Ramón?

   a) 9   b) 10   c) 11   d) 12

19.- La edad de un hijo es un tercio de la de su padre, dentro de 12 años será dos tercios. ¿Qué edad tendrá el hijo?

   a) 14   b) 16   c) 18   d) 20

20.- Dentro de 3 años una hija tendrá un cuarto de edad que su madre. Si ahora la hija tiene un quinto, ¿qué edad tiene la hija?

   a) 12   b) 15   c) 7   d) 9

Ecuaciones 1

 15 min

1.- Tenemos 3 estuches para guardar 162 lápices. El grande tiene el triple de tamaño del mediano y el pequeño la mitad del mediano. Si guardamos en cada estuche tantos lápices como es su tamaño, ¿cuántos contendrá cada estuche?

   a) 111, 34 y 17   b) 101, 34 y 17   c) 108, 36 y 18   d) 118, 36 y 18

2.- De una piscina de bolas se sacan primero la mitad, después se sacan otras 500 por estar manchadas y finalmente se hace lo mismo con el resto, que coincide con la tercera parte del total. ¿Cuántas bolas contenía la piscina?

   a) 1500   b) 2000   c) 2500   d) 3000

3.- La diferencia entre dos números es 36 y la tercera parte del menor de estos es 27. ¿Qué números son?

   a) 84 y 119   b) 84 y 120   c) 81 y 117   d) 81 y 107

4.- El almacén de una tienda de muebles tiene 6300 cajas distribuidas en tres pasillos. El primero tiene el equivalente a tres quintas partes de las cajas del segundo y este tiene el doble de cajas que el tercero. ¿Cuántas cajas hay en cada pasillo?

   a) 1800, 3000 y 1500   c) 1900, 3300 y 1100
   b) 1800, 3050 y 1450   d) 1300, 3750 y 1250

5.- Un examen de matemáticas contiene 30 preguntas. Con cada pregunta correcta se obtienen tres puntos y por cada fallo se pierden dos puntos. ¿Cuántas preguntas acertó un alumno si dejó dos preguntas sin contestar y ha sacado 59 puntos?

   a) 23   b) 24   c) 21   d) 22

6.- ¿Qué número cuya cuarta parte sumada a su cuádruple y su mitad da 95?

   a) 15   b) 20   c) 25   d) 30

7.- Tres hermanos se reparten un premio de lotería de 2600 euros según lo que habían aportado para pagar la participación. El mayor recibe el triple que el mediano y este dos quintas partes respecto al pequeño. ¿Cuánto recibe cada uno?

   a) 1200, 300 y 900   c) 1000, 300 y 1000
   b) 1200, 400 y 1000   d) 1500, 500 y 600

8.- Un cocinero debe colocar la misma cantidad de albóndigas en unos platos. Si coloca 4 albóndigas en cada uno, sobrarán 2. Si en la misma cantidad de platos coloca 5 en cada uno, faltarán 14 albóndigas. ¿Cuántas tiene?

   a) 60   b) 70   c) 56   d) 66

9.- ¿Cuánto es un tercio de los 6/2 de la mitad de 3500?

   a) 1000   b) 1250   c) 1500   d) 1750

10.- Hemos comprado peras y manzanas por 10 euros. Cada pera cuesta 0,50 y cada manzana 0,25. ¿Cuántas manzanas hemos comprado si llevamos el triple que de peras?

   a) 12   b) 14   c) 22   d) 24

11.- De un campo de patatas, un tercio del total quedó dañado por culpa de una plaga y otra sexta parte se estropeó por un mal riego, por lo que solo quedaron 2100 unidades en buen estado para poder venderse. ¿Cuántas patatas habían crecido en total?

   a) 6300   b) 3050   c) 4200   d) 4300

12.- Tenemos hueveras de 24 espacios llenas de huevos. Si se colocaran en hueveras de 6 espacios, ocuparían 18 hueveras más. ¿Cuántos huevos tenemos?

   a) 72   b) 96   c) 120   d) 144

13.- En una granja hay pavos y caballos. En total 280 patas y 120 cabezas. ¿Cuántos pavos y caballos hay?

   a) 85 pavos y 25 caballos   c) 95 pavos y 25 caballos

   b) 100 pavos y 20 caballos   d) 90 pavos y 35 caballos

14.- Queremos agrupar a los alumnos de una clase en una sala. Colocando a 7 alumnos por grupo, 2 alumnos se quedan sin grupo. Si en la misma cantidad de grupos colocamos a 8 alumnos en cada uno, sobran 6 plazas. ¿Cuántos alumnos hay?

   a) 42   b) 48   c) 52   d) 58

15.- Un estudiante compra dos libros por 50 euros. Si sabemos que el de filosofía vale un tercio de lo que vale el libro de economía, ¿cuánto vale cada uno?

   a) 33,5 y 16,5   b) 37,5 y 12,5   c) 37 y 13   d) 38 y 12

16.- Calcula el número cuya mitad sumada a su cuádruple, nos da 36.

   a) 6   b) 8   c) 10   d) 12

17.- La suma de 4 números consecutivos es 82. ¿Cuál es el mayor?

   a) 20   b) 21   c) 22   d) 23

18.- El bote total de una lotería es de 15000 euros. El $1°$ premio es tres cuartas partes del total y el $3°$ coincide con la mitad del $2°$. ¿Cuánto corresponde a cada uno?

   a) 7500, 5000 y 2500   c) 10250, 3000 y 1750

   b) 9000, 4000 y 2000   d) 11250, 2500 y 1250

19.- ¿Cuánto es la cuarta parte de la mitad de los 9/3 de 4000?

   a) 1500   b) 750   c) 1750   d) 1000

20.- Un hospital tiene libres dos terceras partes de sus camas. Tras el alta de 15 pacientes, quedan libres la mitad de las camas ocupadas, ¿cuántas camas libres había?

   a) 75   b) 60   c) 45   d) 30

Ecuaciones 2

 15 min

1.- La suma de 3 números consecutivos es 45. ¿Cuál es el mayor?

 a) 16 b) 15 c) 14 d) 13

2.- Un camionero lleva un pedido de vasos de cristal para una tienda, pero en un badén se rompen un tercio. Vuelve al almacén y recoge 70 vasos, con lo que ahora tiene 1/4 parte más de la cantidad inicial. ¿Cuántos vasos transportaba al principio?

 a) 85 b) 100 c) 120 d) 135

3.- ¿Qué número cuya suma de su triple, su tercera parte y su quíntuple da 125?

 a) 12 b) 18 c) 15 d) 21

4.- En una convocatoria, 2400 opositores suspenden el primer examen, la mitad del total quedan descartados por falta de requisitos y el segundo y último examen lo suspende 1/4 del total, quedando 100 aprobados. ¿Cuántos se presentaron?

 a) 10000 b) 11000 c) 11500 d) 12000

5.- Míchel tenía el doble de dinero que Rebeca y la cuarta parte que Pedro. Ahora Pedro entrega a Míchel y a Rebeca 150 euros a cada uno, haciendo que Míchel y Pedro tengan la misma cantidad. ¿Cuánto dinero tenían Míchel, Rebeca y Pedro?

 a) 225, 112,5 y 450 c) 200, 100 y 600

 b) 150, 75 y 600 d) 150, 75 y 450

6.- ¿Cuánto es la mitad de los 4/2 de la tercera parte de 3000?

 a) 500 b) 1333 c) 1000 d) 1500

7.- ¿Cuál es el número positivo de tres cifras cuyas segunda y tercera cifras son la mitad de la primera y la suma de las dos primeras cifras es 6?

 a) 366 b) 633 c) 844 d) 422

8.- En un corral hay conejos y pollos. En total 60 cabezas y 200 patas. ¿Cuántos conejos y pollos hay?

 a) 40 conejos y 20 pollos c) 17 conejos y 33 pollos

 b) 26 conejos y 24 pollos d) 30 conejos y 60 pollos

9.- Tenemos la mitad de los platos en el lavavajillas y el resto en el armario. Dos terceras partes de los del armario se dejan allí y 6 se llevan a la mesa. ¿Cuántos hay en total?

 a) 72 b) 64 c) 60 d) 36

10.- Calcula el número cuyo triple sumado a su mitad, nos da 70.

 a) 20 b) 25 c) 30 d) 35

11.- Una gasolinera ha servido 4/5 partes de su depósito de gasolina, por lo que solicita urgente un camión de 7500 litros para reabastecerse, consiguiendo llenar el depósito hasta la mitad. ¿Cuál es la capacidad del depósito?

a) 30000   b) 25000   c) 20000   d) 15000

12.- Pablo tiene el cuádruple de dinero que su hermano Héctor, así que decide darle 300 euros. Con parte de ese dinero, Héctor se compra un videojuego de 100 euros, tras lo que sus ahorros son el doble que los de su hermano. ¿Cuánto dinero tenían inicialmente?

a) 1000 y 250   c) 1200 y 300   c) 1400 y 350   c) 1600 y 400

13.- Hay un tren que tiene vagones de 40 plazas, todos ocupados por pasajeros. Si el tren tuviera 60 plazas por vagón, sobrarían 3 vagones y no habría plazas libres en los ocupados. ¿Cuántos pasajeros hay?

a) 260   b) 360   c) 380   d) 480

14.- La suma de 5 números consecutivos es 55. ¿Cuál es el menor?

a) 9   b) 10   c) 11   d) 12

15.- Ricardo compra un menú en un bar con las tres quintas partes de su dinero y al terminar, compra un café con la sexta parte de lo que le quedaba. Al salir del bar le quedan 5 euros. ¿Cuánto dinero tenía Ricardo?

a) 13   b) 14   c) 15   d) 16

16.- Vamos a guardar canicas en botes de cristal. Si guardamos 6 canicas por bote, 4 se quedarán sin guardar. Si en la misma cantidad de botes guardamos 7 por bote, faltarán 12 canicas para llenarlos todos. ¿Cuántas canicas tenemos?

a) 84   b) 100   c) 104   d) 124

17.- ¿Qué números cuya diferencia es 9 y el doble del mayor de éstos da 76?

a) 27 y 38   b) 27 y 36   c) 29 y 40   d) 29 y 38

18.- En un estanque hay gansos y ranas. En total 33 cabezas y 90 patas. ¿Cuántas ranas y gansos hay?

a) 15 ranas y 18 gansos   c) 12 ranas y 21 gansos

b) 18 ranas y 15 gansos   d) 11 ranas y 22 gansos

19.- Unas amigas están sentadas en bancos de 8 plazas y no cabe nadie más. Si estuvieran en bancos de 4 plazas, ocuparían exactamente 6 bancos más. ¿Cuántas son?

a) 36   b) 38   c) 46   d) 48

20.- Pablo tiene 650 euros y Héctor tiene 400. Tras comprar el mismo libro, a Héctor le quedan tres quintas partes de lo que le queda a Pablo. ¿Cuánto costaba libro?

a) 25   b) 50   c) 75   d) 100

Distancias 1

 20 min

1.- Dos coches se dirigen a su encuentro. El coche A circula a 55 km/h y el coche B a 85 km/h. Si la distancia entre ambos es de 385 km, ¿cuánto tiempo conducirán hasta encontrarse?

a) 2 h y 35 min   c) 2 h y 45 min

b) 2 h y 40 min   d) 2 h y 50 min

2.- Dos bicicletas se dirigen a su encuentro. La bicicleta A circula a 17 km/h y la bicicleta B a 13 km/h. Si se encuentran después de 4 horas y 30 minutos, ¿qué distancia inicial las separaba?

a) 128 km   b) 130 km   c) 135 km   d) 140 km

3.- Dos trenes se dirigen a su encuentro. El tren A circula a 80 km/h y el tren B a 95 km/h. Si les separa una distancia inicial de 1015 km, ¿cuántas horas tardarán en encontrarse suponiendo que salen a la misma hora?

a) 5 h y 54 min   c) 5 h y 50 min

b) 4 h y 52 min   d) 5 h y 48 min

4.- Dos poblaciones A y B están separadas por una distancia de 903 km. De cada una de ellas sale un tren en dirección a la otra. El tren que sale de A circula a 120 km/h y el tren que sale de B a 95 km/h. ¿En qué punto kilométrico respecto a la población B se encontrarán?

a) Km 399   b) Km 435   c) Km 504   d) Km 496

5.- Dos poblaciones A y B están separadas por una distancia de 213 km. De cada una de ellas sale una moto en dirección a la otra. La moto que sale de A circula a 73 km/h y la que sale de B a 69 km/h. ¿En qué punto kilométrico respecto a la población A se encontrarán?

a) Km 213   b) Km 109,5   c) Km 103,5   d) Km 110,6

6.- Dos coches se dirigen a Valencia. El coche A sale desde Madrid a una velocidad de 90 km/h y el coche B sale desde una estación de servicio situada 100 km más adelante, a una velocidad de 60 km/h. Si ambos coches salieron a la misma hora, ¿cuántas horas tardará el coche A en alcanzar al coche B?

a) 3 h y 20 min   c) 3 h y 15 min

b) 3 h y 30 min   d) 3 h y 25 min

7.- Dos autobuses se dirigen a Barcelona. El autobús A sale desde Madrid a una velocidad de 85 km/h y el autobús B sale desde una estación de servicio situada 175 km más adelante, a una velocidad de 60 km/h. Si ambos autobuses salieron a la misma hora, ¿en qué punto kilométrico respecto a Madrid se encontrarán?

a) Km 490   b) Km 595   c) Km 420   d) Km 615

8.- ¿Cuántos kilómetros se recorren si se circula a una velocidad constante de 6 m/s durante 2 horas y 15 minutos?

a) 52,2 km   b) 36,5 km   c) 21,6 km   d) 48,6 km

9.- Un avión supersónico vuela a una velocidad constante de 7200 km/h. ¿Qué distancia recorre cada segundo?

a) 500 metros   b) 900 metros   c) 1600 metros   d) 2000 metros

10.- Dos asteroides se dirigen a su encuentro. El asteroide A tiene una velocidad de 3000 m/s y el B de 4500 m/s. Si la distancia entre ambos es de 385000 km, ¿cuánto tiempo tardarán en colisionar?

a) 13 h y 48 min   b) 14 h   c) 14 h y 20 min   d) 15 h

11.- Dos coches se dirigen a su encuentro. El coche A circula a 93 km/h y el coche B a 112 km/h. Si se encuentran después de 7 horas y 12 minutos, ¿qué distancia inicial las separaba?

a) 1476 km   b) 1229 km   c) 1679 km   d) 1598 km

12.- Dos trenes se dirigen a su encuentro. El tren A circula a 280 km/h y el tren B a 315 km/h. Si les separa una distancia inicial de 2261 km, ¿cuántas horas tardarán en encontrarse suponiendo que salen a la misma hora?

a) 3 h y 54 min   c) 4 h y 50 min
b) 3 h y 48 min   d) 3 h y 52 min

13.- Dos poblaciones A y B están separadas por una distancia de 312 km. De cada una de ellas sale una bicicleta en dirección a la otra. La bici que sale de A circula a 28 km/h y la que sale de B a 24 km/h. ¿En qué punto kilométrico respecto a la población B se encontrarán?

a) Km 132   b) Km 168   c) Km 152   d) Km 144

14.- Dos poblaciones A y B están separadas por una distancia de 600 km. De cada una de ellas sale una moto en dirección a la otra. La moto que sale de A circula a 81 km/h y la que sale de B a 119 km/h. ¿En qué punto kilométrico respecto a la población A se encontrarán?

a) Km 243   b) Km 357   c) Km 284   d) Km 228

15.- Dos bicicletas se dirigen a Sevilla. La bicicleta A sale desde Madrid a una velocidad de 32 km/h y la B sale desde una estación de servicio situada 56 km más adelante a una velocidad de 18 km/h. Si ambas bicicletas salieron a la misma hora, ¿cuántas horas tardará la bicicleta A en alcanzar a la B y en qué punto kilométrico con respecto a Madrid se encontrarán?

a) 4 h, Km 128   c) 4 h, Km 72

b) 4 h y 15 min, Km 128   d) 4 h y 15 min, Km 72

16.- Dos autobuses se dirigen a Paris. El autobús A sale desde Madrid a una velocidad de 92 km/h y el autobús B sale desde una estación situada 108 km más adelante, a una velocidad de 80 km/h. Si ambos autobuses salieron a la misma hora, ¿en qué punto kilométrico respecto a Madrid se encontrarán?

a) Km 720   b) Km 888   c) Km 828   d) Km 928

17.- ¿Cuántos kilómetros se recorren si se circula a una velocidad constante de 200 m/s durante 3 horas y 24 minutos?

a) 2200 km   b) 1950 km   c) 2448 km   d) 2624 km

18.- Un cometa viene hacia la tierra a una velocidad constante de 10000 m/s. Si se encuentra a una distancia de 54000 km, ¿cuánto tardará en colisionar con la Tierra?

a) 1 h y 30 min   b) 15 h   c) 2 h   d) 15 h y 30 min

19.- Dos poblaciones A y B están separadas por una distancia de 8250 km. De cada una de ellas sale un avión en dirección a la otra. El avión que sale de A va a 700 km/h y el que sale de B a 400 km/h. ¿En qué punto kilométrico respecto a la población B se encontrarán y cuánto tardarán en hacerlo?

a) Km 3000, 7 h   c) Km 5250, 7 h

b) Km 3000, 7 h y 30 min   d) Km 5250, 7 h y 30 min

20.- Dos coches se dirigen a Santiago. El coche A sale desde Valencia a una velocidad de 130 km/h y el coche B sale desde una estación de servicio situada 200 km más adelante, a una velocidad de 100 km/h. Si ambos coches salieron a la misma hora, ¿cuántas horas tardará el coche A en alcanzar al coche B?

a) 5 h y 45 min   c) 6 h y 45 min

b) 5 h y 40 min   d) 6 h y 40 min

Coincidencias 1

 20 min

1.- Una agencia de viajes ofrece tres diferentes cruceros: uno tarda 6 días en ir y regresar a su punto de inicio, el segundo tarda 8 días y el tercero tarda 10 días. Si los tres cruceros partieron al mismo tiempo hace 49 días, y vuelven a partir el mismo día que regresan, ¿cuántos días faltan para que vuelvan a partir juntos todos los cruceros?

a) Dentro de 71 días   c) Dentro de 121 días

b) Dentro de 60 días   d) Dentro de 120 días

2.- Pepe y Roberto tienen cada uno una pista de carreras con dos coches. Los coches de Pepe dan una vuelta completa a la pista en 20 y 32 segundos respectivamente, y los coches de Roberto dan la vuelta en 12 y 29 segundos. Si compiten entre los dos y gana quien tenga sus coches situados en la meta de su pista al mismo tiempo. ¿Quién ganará y en cuántos segundos?

a) Pepe, dentro de 120 s   c) Roberto, dentro de 120 s

b) Roberto, dentro de 160 s   d) Pepe, dentro de 160 s

3.- Nuria y Pablo van a visitar a su abuela cada cierto tiempo. Nuria va cada 13 días y Pablo cada 29. ¿Cuándo será la próxima vez que coincidan?

a) Dentro de 366 días   c) Dentro de 188 días

b) Dentro de 1 año y 15 días   d) Dentro de 1 año y 12 días

4.- Dos atletas corren en la misma pista. Juan tarda 140 segundos en dar una vuelta completa y Miguel tarda 60 segundos. Cuando coincidan a la altura del punto de inicio, ¿cuántas vueltas a la pista habrá dado cada uno de ellos?

a) 3 y 8 vueltas   c) 4 y 7 vueltas

b) 3 y 7 vueltas   d) 3 y 6 vueltas

5.- Alejandro, Míchel, Sofía y Pablo participan en una carrera de larga distancia. Alejandro le da 1 vuelta al circuito en 2 minutos, Míchel le da 3 vueltas al circuito en 6 minutos, Sofía le da 4 vueltas en 9 minutos y Pablo le da 2 vueltas al circuito en 4 minutos. Si todos parten al mismo tiempo y del mismo lugar, ¿cuánto tardarán en encontrarse de nuevo en el punto de salida?

a) Dentro de 12 min   c) Dentro de 18 min

b) Dentro de 24 min   d) Dentro de 27 min

6.- Una empresa internacional de servicios en Internet tiene sucursales en España, Italia y Luxemburgo. Cuando los servidores de las sucursales se actualizan, dejan de funcionar durante un tiempo y sus tareas las deben llevarlas a cabo las otras dos sucursales. Los ingenieros de la empresa establecen que los sistemas deben reiniciarse cada 10 días en España, 24 días en Italia y 16 días en Luxemburgo. ¿Cuántas veces los tres sistemas se reiniciarán el mismo día en un período de 10 años?

a) 10 veces   b) 15 veces   c) 12 veces   d) 8 veces

7.- Beatriz, Roberto, Álex y Miriam participan en una carrera de larga distancia. Beatriz le da 2 vuelta al circuito en 3 minutos, Roberto le da 3 vueltas al circuito en 9 minutos, Álex le da 3 vueltas en 7 minutos y Miriam le da 2 vueltas al circuito en 3 minutos. Si todos parten al mismo tiempo y del mismo lugar, ¿cuánto tardarán en encontrarse de nuevo en el punto de salida?

a) Dentro de 19 min   c) Dentro de 21 min

b) Dentro de 24 min   d) Dentro de 27 min

8.- En una orquesta, tocan un violonchelista, un trompetista, un pianista y un saxofonista. El violonchelista toca en lapsos de 4 tiempos, el trompetista en 8 tiempos, el pianista en 6 tiempos y el saxofonista en 12 tiempos. Si todos empiezan al mismo tiempo, ¿cada cuántos tiempos coinciden todos?

a) Dentro de 18 tiempos   c) Dentro de 36 tiempos

b) Dentro de 24 tiempos   d) Dentro de 48 tiempos

9.- Desde la ventana vemos pasar trenes de mercancías de larga distancia. Cada 12 días pasa uno que transporta arroz, cada 15 uno que transporta madera y cada 17 uno que transporta silicio. Si hace 510 días que vimos pasar los tres a la vez, ¿en cuánto tiempo volverá a repetirse la misma escena?

a) Dentro de 1170 días   c) Dentro de 1020 días

b) Dentro de 510 días   d) Dentro de 570 días

10.- En una orquesta, tocan un pianista, un trompetista, un violinista y un saxofonista. El pianista toca en lapsos de 8 tiempos, el trompetista en 12 tiempos, el violinista en 6 tiempos y el saxofonista en 16 tiempos. Si todos empiezan al mismo tiempo, ¿cada cuántos tiempos coinciden todos?

a) Dentro de 48 tiempos   c) Dentro de 36 tiempos

b) Dentro de 24 tiempos   d) Dentro de 54 tiempos

11.- Dos atletas corren en la misma pista. Wilson tarda 120 segundos en dar una vuelta completa y Francis tarda 105 segundos. Cuando coincidan a la altura del punto de inicio, ¿cuántas vueltas a la pista habrá dado cada uno de ellos?

a) 7 y 8 vueltas   b) 8 y 7 vueltas   c) 8 y 9 vueltas   d) 7 y 9 vueltas

12.- Una empresa internacional de servicios en Internet tiene sucursales en España, Francia y Noruega. Cuando los servidores de las sucursales se actualizan, dejan de funcionar durante un tiempo y sus tareas las deben llevarlas a cabo las otras dos sucursales. Los ingenieros de la empresa establecen que los sistemas deben reiniciarse cada 5 días en España, 12 días en Francia y 6 días en Noruega. ¿Cuántas veces los tres sistemas se reiniciarán el mismo día en un período de 2 años?

   a) 13 veces   b) 10 veces   c) 12 veces   d) 11 veces

13.- El veterinario ha prescrito a un cachorro enfermo un tratamiento de tres pastillas. La primera debe tomarla cada 8 horas, la segunda cada 12 horas, y la tercera cada 9. Si el tratamiento comenzó el día 2 de marzo a las 23:00 horas con las tres pastillas, ¿cuándo volverán a coincidir las tres?

   a) El 4 de marzo a las 17:00 h   c) El 5 de marzo a las 17:00 h

   b) El 6 de marzo a la 02:00 h   d) El 5 de marzo a las 23:00 h

14.- Un satélite da una vuelta a la tierra en 8 horas y otro en 10 horas. Si coincidieron el día 26 de septiembre a las 18:00 horas, ¿cuándo volverán a coincidir?

   a) El 28 de septiembre a las 10:00 h   c) El 28 de septiembre a las 16:00 h

   b) El 29 de septiembre a las 10:00 h   d) El 28 de septiembre a las 12:00 h

15.- Mari y Carlos van a visitar a su abuela cada cierto tiempo. Mari va cada 16 días y Carlos cada 40. ¿Cuándo será la próxima vez que coincidan?

   a) Dentro de 140 días   c) Dentro de 80 días

   b) Dentro de 160 días   d) Dentro de 200 días

16.- El veterinario ha prescrito a un cachorro enfermo un tratamiento de tres pastillas. La primera debe tomarla cada 9 horas, la segunda cada 10 horas, y la tercera cada 5. Si el tratamiento comenzó el día 2 de enero a las 02:00 horas con las tres pastillas, ¿cuándo volverán a coincidir las tres?

   a) El 5 de enero a las 21:00 h   c) El 5 de enero a las 17:00 h

   b) El 6 de enero a las 18:00 h   d) El 5 de enero a las 20:00 h

17.- Un satélite da una vuelta a la tierra en 6 horas y otro en 7 horas. Si coincidieron el día 27 de noviembre a las 18:00 horas, ¿cuándo volverán a coincidir?

   a) El 29 de noviembre a las 21:00 h   c) El 29 de noviembre a las 10:00 h

   b) El 28 de noviembre a las 00:00 h   d) El 29 de noviembre a las 12:00 h

18.- Una agencia de viajes ofrece tres diferentes cruceros: uno tarda 7 días en ir y regresar a su punto de inicio, el segundo tarda 3 días y el tercero tarda 5 días. Si los tres cruceros partieron al mismo tiempo hace 15 días, y vuelven a partir el mismo día que regresan, ¿cuántos días faltan para que vuelvan a partir juntos todos los cruceros?

a) Dentro de 105 días   c) Dentro de 75 días

b) Dentro de 90 días   d) Dentro de 120 días

19.- Bárbara y Mireia tienen cada uno una pista de carreras con dos coches. Los coches de Bárbara dan una vuelta completa a la pista en 12 y 17 segundos respectivamente, y los coches de Mireia dan la vuelta en 14 y 15 segundos. Si compiten entre los dos y gana quien tenga sus coches situados en la meta de su pista al mismo tiempo. ¿Quién ganará y en cuántos segundos?

a) Mireia, dentro de 208 s   c) Bárbara, dentro de 210 s

b) Mireia, dentro de 204 s   d) Bárbara, dentro de 204 s

20.- Desde la ventana vemos pasar trenes de mercancías de larga distancia. Cada 18 días pasa uno que transporta trigo, cada 26 uno que transporta materiales de construcción y cada 30 uno que transporta ordenadores. Si hace 500 días que vimos pasar los tres a la vez, ¿en cuánto tiempo volverá a repetirse la misma escena?

a) Dentro de 670 días   c) Dentro de 1770 días

b) Dentro de 570 días   d) Dentro de 1170 días

Grifos 1

 15 min

1.- Un grifo llena un depósito en 2 horas, un segundo grifo lo hace en 5 horas y otro grifo tarda en llenarlo 10 horas. ¿Cuánto tardarán los tres juntos?

   a) 1 h y 12 min   b) 1 h y 6 min   c) 1 h y 15 min   d) 54 min

2.- El grifo A tarda el doble que el grifo C en llenar un depósito y el grifo B tarda lo mismo que el C. Si entre los tres grifos tardan 2 horas, ¿cuánto tiempo tarda cada uno de ellos en llenarlo?

   a) A: 10 h, B: 5 h y C: 5 h   c) A: 6 h, B: 3 h y C: 3 h

   b) A: 4 h, B: 2 h y C: 2 h   d) A: 8 h, B: 4 h y C: 4 h

3.- Un grifo llena un depósito en 5 horas y otro lo hace en 6 horas, mientras que el desagüe del depósito tarda 10 horas en vaciarlo. ¿Cuánto tardarán los dos grifos en llenar el depósito, si el desagüe se encuentra abierto?

   a) 4 h   b) 3 h y 45 min   c) 3 h y 30 min   d) 4 h y 15 min

4.- Un grifo llena un depósito en 2 horas, mientras que el desagüe tarda 8 horas en vaciar el depósito. ¿Cuánto tardará en llenarse el depósito con el grifo y el desagüe abiertos al mismo tiempo?

   a) 3 h   b) 2 h y 40 min   c) 3 h y 20 min   d) 2 h

5.- El grifo A tarda el doble que el grifo C en llenar un depósito y el grifo B tarda lo mismo que el C. Si entre los tres grifos tardan 1 hora, ¿cuánto tiempo tarda cada uno de ellos en llenarlo?

   a) A: 4 h, B: 2 h y C: 2 h   c) A: 5 h, B: 2 h y 30 min y C: 2 h y 30 min

   b) A: 6 h, B: 3 h y C: 3 h   d) A: 5 h, B: 2 h y 30 min y C: 2 h y 30 min

6.- Un grifo llena un depósito en 2 horas y otro lo hace en 5 horas. Un desagüe del depósito tarda 10 horas en vaciarlo y un segundo desagüe lo hace en 15 horas. ¿Cuánto tardarán los dos grifos en llenar el depósito, si los dos desagües se encuentran abiertos?

   a) 2 h y 6 min   b) 2 h   c) 1 h y 53 min   d) 1 h y 44 min

7.- Un grifo llena un depósito en 3 horas y otro lo hace en 4 horas. Un desagüe del depósito tarda 8 horas en vaciarlo y un segundo desagüe lo hace en 12 horas. ¿Cuánto tardarán los dos grifos en llenar el depósito, si los dos desagües se encuentran abiertos?

   a) 2 h y 30 min   b) 3 h y 10 min   c) 2 h y 50 min   d) 2 h y 40 min

8.- Un grifo llena un depósito en 2 horas, un segundo grifo lo hace en 3 horas y otro grifo tarda en llenarlo 6 horas. ¿Cuánto tardarán los tres juntos?

a) 1 h y 12 min   b) 1 h   c) 1 h y 24 min   d) 1 h y 18 min

9.- Para llenar un depósito, el grifo A necesita el doble del tiempo que el grifo B. Si en 2 horas ambos llenan 2 veces el depósito, ¿cuánto tiempo tardarán en llenar el depósito cada uno de ellos?

a) A: 4 h y B: 2 h   c) A: 5 h y B: 2 h y 30 min

b) A: 6 h y B: 3 h   d) A: 3 h y B: 1 h y 30 min

10.- Para llenar un depósito, el grifo A necesita el triple del tiempo que el grifo B. Si en 1 hora ambos llenan 4 veces el depósito, ¿cuánto tiempo tardarán en llenar el depósito cada uno de ellos?

a) A: 1 h y B: 20 min   c) A: 6 h y B: 2 h

b) A: 3 h y B: 1 h   d) A: 2 h y B: 40 min

11.- Un grifo llena un depósito en 3 horas, mientras que el desagüe tarda 8 horas en vaciar el depósito. ¿Cuánto tardará en llenarse el depósito con el grifo y el desagüe abiertos al mismo tiempo?

a) 4 h y 24 min   b) 4 h y 48 min   c) 4 h y 36 min   d) 3 h y 54 min

12.- Un grifo llena un depósito en 2 horas, un segundo grifo lo hace en 3 horas, un tercer grifo tarda en llenarlo 6 horas y otro grifo lo hace en 3 horas. ¿Cuánto tardarán todos juntos?

a) 55 min   b) 45 min   c) 58 min   d) 50 min

13.- Si el grifo A tarda el doble que el grifo B en llenar un depósito y entre los dos tardan 2 horas, ¿cuánto tiempo tarda cada uno de ellos en llenar el depósito?

a) A: 8 h y B: 4 h   c) A: 2 h y B: 1 h

b) A: 4 h y B: 2 h   d) A: 6 h y B: 3 h

14.- Un grifo llena un depósito en 2 horas, un segundo grifo lo hace en 2 horas, un tercer grifo tarda en llenarlo 4 horas y otro grifo lo hace en 4 horas. ¿Cuánto tardarán todos juntos?

a) 44 min   b) 48 min   c) 36 min   d) 40 min

15.- El grifo A tarda el doble que el grifo B en llenar un depósito, mientras que el desagüe tarda lo mismo que el B en vaciarlo. Si abiertos los dos grifos y el desagüe, se llena en 1 hora, ¿cuánto tiempo tarda cada grifo en llenar el depósito y el desagüe en vaciarlo?

a) A: 4 h, B: 2 h y C: 2 h   c) A: 1 h, B: 30 min y C: 30 min

b) A: 2 h, B: 1 h y C: 1 h   d) A: 6 h, B: 3 h y C: 3 h

16.- Un grifo llena un depósito en 6 horas y otro grifo lo hace en 9 horas. ¿Cuánto tardarán los dos juntos?

a) 3 h y 24 min   b) 2 h y 45 min   c) 3 h y 36 min   d) 3 h y 30 min

17.- Si el grifo A tarda el triple que el grifo B en llenar un depósito y entre los dos tardan 3 horas, ¿cuánto tiempo tarda cada uno de ellos en llenar el depósito?

a) A: 4 h y B: 1 h y 20 min   c) A: 12 h y B: 4 h

b) A: 9 h y B: 3 h   d) A: 3 h y B: 1 h

18.- Un grifo llena un depósito en 2 horas y otro grifo lo hace en 3 horas. ¿Cuánto tardarán los dos juntos?

a) 1 h y 32 min   b) 1 h y 24 min   c) 1 h y 10 min   d) 1 h y 12 min

19.- Un grifo llena un depósito en 4 horas y otro lo hace en 3 horas, mientras que el desagüe del depósito tarda 6 horas en vaciarlo. ¿Cuánto tardarán los dos grifos en llenar el depósito, si el desagüe se encuentra abierto?

a) 2 h y 12 min   b) 2 h y 24 min   c) 2 h y 18 min   d) 2 h y 30 min

20.- El grifo A tarda el doble que el grifo B en llenar un depósito, mientras que el desagüe tarda el doble que el B en vaciarlo. Si abiertos los dos grifos y el desagüe, se llena en 2 horas, ¿cuánto tiempo tarda cada grifo en llenar el depósito y el desagüe en vaciarlo?

a) A: 4 h, B: 2 h y C: 2 h   c) A: 6 h, B: 3 h y C: 3 h

b) A: 4 h, B: 2 h y C: 4 h   d) A: 2 h, B: 1 h y C: 1 h

Sumatorios 1

(⏲) 12 min

1.- ¿Cuál es el resultado de sumar los números entre el 3 al 13, ambos exclusive?
   a) 72   b) 88   c) 80   d) 64

2.- ¿Cuál es el resultado de sumar los primeros 27 números naturales?
   a) 358   b) 369   c) 378   d) 398

3.- Haz la suma de los primeros 14 números.
   a) 98   b) 90   c) 112   d) 105

4.- ¿Cuál es el resultado de sumar todos los números naturales del 5 al 15?
   a) 95   b) 115   c) 110   d) 100

5.- Haz la suma de los números entre el 4 al 12, ambos exclusive.
   a) 48   b) 66   c) 72   d) 56

6.- ¿Cuál es el resultado de sumar los números del 15 al 23, ambos inclusive?
   a) 149   b) 194   c) 190   d) 171

7.- ¿Cuál es el resultado de sumar los primeros 32 números naturales?
   a) 528   b) 492   c) 542   d) 500

8.- ¿Cuánto suman los primeros cuarenta números?
   a) 420   b) 440   c) 840   d) 820

9.- Haz la suma de los números del 11 al 21, ambos inclusive.
   a) 512   b) 176   c) 451   d) 492

10.- ¿Cuál es el resultado de sumar todos los números naturales del 7 al 26?
   a) 344   b) 316   c) 330   d) 280

11.- Haz la suma de los primeros quince números.
   a) 120   b) 135   c) 106   d) 124

12.- Haz la suma de los números entre el 12 al 33, ambos exclusive.
   a) 444   b) 450   c) 417   d) 484

13.- Haz la suma de los primeros 24 números.
   a) 288   b) 300   c) 324   d) 312

14.- ¿Cuál es el resultado de sumar los números entre el 19 al 36, ambos exclusive?
  a) 450   b) 404   c) 477   d) 440

15.- ¿Cuánto suman los primeros 20 números?
  a) 210   b) 200   c) 231   d) 211

16.- Haz la suma de los primeros diecisiete números.
  a) 153   b) 163   c) 178   d) 135

17.- Haz la suma de los números del 18 al 35, ambos inclusive.
  a) 492   b) 512   c) 451   d) 477

18.- ¿Cuál es el resultado de sumar los números del 3 al 11, ambos inclusive?
  a) 66   b) 63   c) 55   d) 52

19.- ¿Cuánto suman los primeros 30 números?
  a) 480   b) 496   c) 465   d) 495

20.- ¿Cuánto suman los primeros dieciocho números?
  a) 155   b) 171   c) 189   d) 166

PSICOTÉCNICOS PERCEPTIVOS

(i) **Conteo**: Responde a las preguntas en base a los símbolos que aparecen en las filas, columnas y casillas de la tabla de referencia.

(i) **Comparación y observación**: Una fila válida es aquella que tiene los símbolos ordenados alfabéticamente según las equivalencias de la tabla de referencia. Puede haber más de una respuesta correcta.

(i) **Criptogramas**: En la tabla de referencia se muestran unas equivalencias entre números y las letras de una palabra. Cada pregunta usa dichas equivalencias para operar.

(i) **Comparativo y ley**: Cada ejercicio contiene una ley que compara la cantidad de símbolos dentro de cada opción.

Si la ley tiene dos comparaciones y una "Y" deben cumplirse ambas, y si contiene una "Ó" debe cumplirse al menos una de ellas.

La respuesta correcta es aquella donde la ley se cumple en:

- a) Una de las opciones
- b) Dos de las opciones
- c) Tres de las opciones
- d) Todas las opciones
- e) Ninguna de las opciones

Comparación: Cada test contiene dos tablas de referencia, compara los símbolos de cada ejercicio con la que le precede. La respuesta correcta es aquella donde se repiten:

a) Un símbolo
b) Dos símbolos
c) Tres símbolos
d) Ningún símbolo

Conteo 1

Tabla de referencia

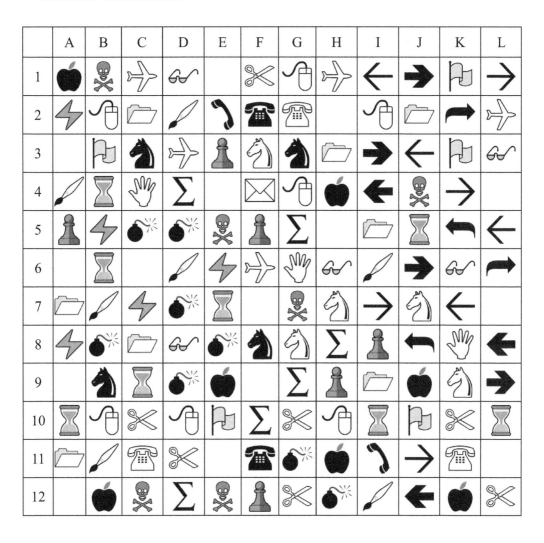

Test

 8 min

1.- ¿Cuántas bombas hay en la tabla de referencia?
  a) 5   b) 6   c) 7   d) 8

2.- ¿Cuántas manzanas hay en las últimas 5 filas?
  a) 5   b) 6   c) 7   d) 8

3.- ¿En qué columna se repiten las gafas?
  a) C   b) G   c) D   d) L

4.- ¿Cuántos teléfonos hay en la fila 11?
  a) 4   b) 5   c) 3   d) 2

5.- ¿Cuántas flechas hacia la derecha hay en las últimas 5 columnas?
  a) 8   b) 9   c) 10   d) 11

6.- ¿Cuántos caballos blancos hay en la tabla de referencia: ♘ ?
  a) 4   b) 5   c) 3   d) 2

7.- ¿Cuántos caballos negros hay en la tabla de referencia: ♞ ?
  a) 4   b) 5   c) 3   d) 2

8.- ¿Cuántos símbolos de "altamente nocivo" hay en la tabla de referencia: ☠ ?
  a) 5   b) 6   c) 7   d) 8

9.- ¿Cuántas carpetas hay en las últimas 5 columnas: 📁 ?
  a) 4   b) 5   c) 3   d) 2

10.- ¿Qué figura o símbolo hay en la casilla F-4?
  a) ♘   b) 🖱   c) ✉   d) ♙

11.- ¿En qué casillas podemos encontrar el caballo negro: ♞ ?
  a) G-3 y H-7   b) H-7 y J-7   c) G-3 y B-9   d) G-8 y F-8

12.- ¿Cuántas tijeras en las últimas 2 filas?

   a) 4   b) 5   c) 3   d) 2

13.- ¿Cuántos signos de sumatorio hay en la tabla de referencia: Σ ?

   a) 5   b) 6   c) 7   d) 8

14.- En las primeras 3 filas: ¿Cuántos aviones hay?

   a) 4   b) 5   c) 3   d) 2

15.- ¿En las casillas G-6 y K-8, que figuras o símbolos podemos encontrar?

   a) 🖐🐴   b) 🖐🖐   c) ☠🖐   d) 🐴🖐

16.- ¿Cuántos signos como este hay en las primeras 5 columnas: ⚡ ?

   a) 4   b) 5   c) 3   d) 2

17.- ¿En qué columnas se repite la pluma: ✒ ?

   a) B e I   b) B y D   c) A, B e I   d) B, D e I

18.- ¿Cuántos aviones hay en el plano en total?

   a) 5   b) 6   c) 7   d) 8

19.- ¿Cuántos símbolos como éste hay en el plano: ♟ ?

   a) 5   b) 6   c) 7   d) 8

20.- En las 3 primeras filas, ¿cuántos ratones de ordenador hay?

   a) 4   b) 5   c) 3   d) 2

21.- ¿Cuántas banderas podemos encontrar en las primeras 3 filas?

   a) 4   b) 5   c) 3   d) 2

22.- ¿En qué columna se repite el reloj de arena: ⧗ ?

   a) I   b) B   c) A   d) L

23.- ¿Cuántas casillas en blanco hay en la tabla de referencia?

   a) 13   b) 14   c) 15   d) 16

24.- ¿Cuántas casillas que no estén en blanco hay?

 a) 144   b) 130   c) 131   d) 129

25.- ¿Cuántos caballos blancos hay en la fila 3?

 a) 0   b) 2   c) 3   d) 1

26.- ¿Cuántos signos de sumatorio hay en las últimas 4 filas?

 a) 4   b) 5   c) 3   d) 2

27.- ¿Qué figura hay en la casilla C-9?

 a) ✂   b) ⧗   c) 💣   d) Σ

28.- ¿Cuántos ratones hay en la fila 10?

 a) 0   b) 2   c) 3   d) 1

29.- ¿Cuántas bombas hay en las últimas 3 filas?

 a) 0   b) 2   c) 3   d) 1

30.- En la casilla H-8 ¿qué podemos encontrar?

 a) ✂   b) ⧗   c) 💣   d) Σ

Conteo 2

Tabla de referencia

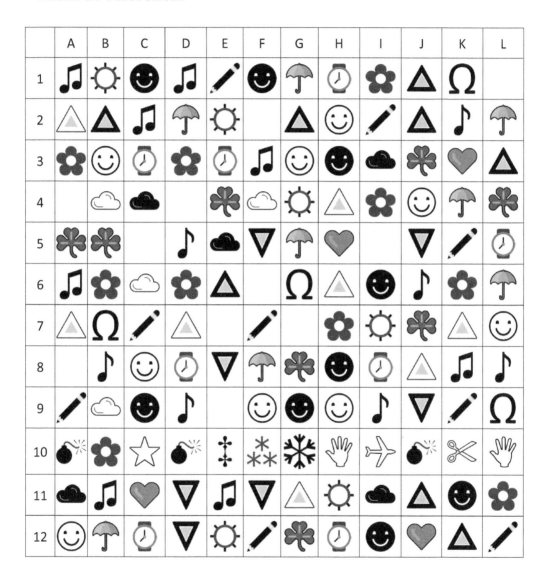

Test   8 min

1.- ¿Cuántas corcheas unidas (♪) hay?
  a) 5   b) 6   c) 7   d) 8

2.- ¿Cuántas caras como esta (☺) hay en la tabla de referencia?
  a) 8   b) 10   c) 9   d) 7

3.- En las 6 últimas filas, ¿Cuántos soles hay?
  a) 2   b) 3   c) 4   d) 5

4.- ¿Cuántas flores hay en las cinco últimas columnas?
  a) 5   b) 6   c) 7   d) 8

5.- ¿Qué figuras hay respectivamente en las casillas J-11 y B-8?
  a) ▲ ☁   b) ▽ ♫   c) ▲ ♫   d) ♫ ▽

6.- ¿Cuántos triángulos hay en la fila dos?
  a) 2   b) 4   c) 1   d) 3

7.- ¿Cuántos lápices como éste hay en la tabla de referencia: (✎)?
  a) 8   b) 10   c) 9   d) 7

8.- ¿Cuántas notas musicales hay en todas sus formas?
  a) 13   b) 14   c) 15   d) 16

9.- Indica la cantidad de tréboles que hay en la tabla de referencia.
  a) 8   b) 10   c) 9   d) 7

10.- ¿Cuántos relojes hay en la tabla de referencia?
  a) 6   b) 8   c) 9   d) 7

11.- ¿Cuántos paraguas hay en la tabla de referencia?
  a) 8   b) 10   c) 9   d) 7

12.- ¿Cuántos corazones hay en las dos últimas filas?

a) 3   b) 2   c) 1   d) 0

13.- ¿En qué columna se repite esta cara: ☺ ?

a) K   b) L   c) B   d) H

14.- ¿Cuántos corazones hay en total?

a) 4   b) 5   c) 3   d) 6

15.- ¿Cuántos triángulos boca abajo hay en las 5 últimas filas: ▽ ?

a) 4   b) 5   c) 3   d) 6

16.- ¿Cuántos símbolos de ohmio hay en la tabla de referencia: Ω ?

a) 4   b) 5   c) 3   d) 6

17.- ¿Cuántas nubes blancas hay en la tabla de referencia: ☁ ?

a) 4   b) 5   c) 3   d) 6

18.- ¿Cuántas nubes negras hay en las 4 últimas filas?

a) 2   b) 3   c) 4   d) 1

19.- ¿Cuántos triángulos blancos hay en la tabla de referencia?

a) 6   b) 8   c) 9   d) 7

20.- ¿Cuántas casillas blancas hay en la tabla de referencia?

a) 10   b) 11   c) 12   d) 13

21.- ¿En qué fila hay 3 triángulos blancos?

a) 4   b) 5   c) 7   d) 9

22.- ¿Cuántas casillas con símbolo o figura hay?

a) 135   b) 132   c) 131   d) 133

23.- ¿Qué símbolos se encuentran en las casillas G-5 y K-4 respectivamente?

a) ☂ ♥   b) ☼ ☂   c) ♥ ♥   d) ☂ ☂

24.- ¿En cuál de estas casillas podemos encontrar un ☼ ?

  a) G-5   b) E-11   c) B-2   d) H-11

25.- ¿En qué fila hay tan solo 2 flores?

  a) 6   b) 12   c) 1   d) 3

26.- ¿Cuál es el símbolo o figura que más se repite en toda la tabla de referencia?

  a) ▼   b) Ω   c) ✏   d) La casilla blanca

27.- ¿Cuántas caras hay en las primeras 4 filas en todas sus formas?

  a) 6   b) 8   c) 9   d) 7

28.- ¿Cuántos triángulos en todas sus formas hay en las 5 últimas columnas?

  a) 9   b) 11   c) 10   d) 12

29.- En la columna J, ¿cuántos triángulos hay en todas sus formas?

  a) 5   b) 6   c) 8   d) 7

30.- ¿En qué fila se repiten los lápices: ✏ ?

  a) 7 y 11   b) 12 y 6   c) 7 y 12   d) 8 y 12

Conteo 3

Tabla de referencia

Test

 8 min

1.- ¿Cuántos elefantes hay en la tabla de referencia?
  a) 6   b) 7   c) 8   d) 9

2.- ¿En qué columnas no aparece la figura 🦒 ?
  a) C, E y K   b) E, H y J   c) A, C y E   d) D, E y J

3.- ¿Que figura aparece en la casilla H-9?
  a) 🚢   b) 🦅   c) 🏠   d) 🌴

4.- ¿En qué fila se repite la figura 🌴 ?
  a) 8   b) 9   c) 10   d) Ninguna

5.- ¿Cuántos recuadros en blanco hay en la tabla de referencia?
  a) 1   b) 2   c) 3   d) Ninguno

6.- ¿Cuántas veces vemos la siguiente imagen 🚢 ?
  a) 8   b) 9   c) 10   d) 11

7.- En la casilla C-9 la figura que aparece es:
  a) 🦢   b) 🏠   c) 🦏   d) 🏭

8.- ¿Cuántas especies de animales hay?
  a) 5   b) 6   c) 7   d) 8

9.- ¿Cuántos semáforos hay en las 6 primeras filas?
  a) 3   b) 4   c) 5   d) 6

10.- ¿Hacia qué dirección va el hombre con la bici?
  a) Derecha   b) Izquierda   c) Ambas   d) Arriba

11.- ¿Cuántos gatos hay en la tabla de referencia?
  a) 1   b) 2   c) 3   d) Ninguno

12.- ¿Cuántas casillas de mujer paseando al perro hay?

  a) 8   b) 9   c) 10   d) 11

13.- ¿Cuántas fábricas aparecen en las 3 últimas filas?

  a) 1   b) 2   c) 3   d) 4

14.- ¿En qué columnas aparece esta figura: ?

  a) A y E   b) B, F y G   c) H y J   d) Todas son correctas

15.- ¿En qué columnas no aparece el cisne?

  a) C, E y J   b) C, J y K   c) E, J y K   d) C, D y F

16.- ¿Cuántas águilas hay en la tabla de referencia?

  a) 3   b) 4   c) 5   d) 6

17.- ¿Cuántos animales hay en la columna I?

  a) 4   b) 5   c) 6   d) 7

18.- ¿En qué casillas encontramos esta figura: ?

  a) C-8 y D-4   b) I-3   c) J-7   d) Todas son correctas

19.- ¿Cuántas casillas hay?

  a) 6   b) 7   c) 8   d) 9

20.- En las cuatro primeras columnas ¿Cuántos barcos hay?

  a) 2   b) 3   c) 4   d) 5

21.- ¿Cuántas figuras diferentes hay en la tabla de referencia?

  a) 15   b) 16   c) 17   d) 18

22.- ¿Cuántos perros hay en las 5 últimas filas?

  a) 1   b) 2   c) 3   d) Ninguno

23.- ¿Cuántas mujeres hay en la columna J?

  a) 2   b) 3   c) 4   d) 5

24.- ¿En qué columnas aparece el: 🌳 ?

 a) B, C, D, E, F, H, I y K   c) B, C, D, F, G, H, I y J
 b) B, C, D, F, G, H, J y K   d) B, C, D, F, G, H, I y K

25.- ¿Qué signo aparece en la casilla B-10?

 a) 🌴   b) 🌳   c) 🏠   d) 🚦

26.- ¿Hacia qué lado van las jirafas en la fila 3?

 a) Derecha   c) Ambos
 b) Izquierda   d) No hay jirafas en la fila 3

27.- El rinoceronte, además de estar en las casillas I-3, D-4 y J-7, ¿en qué fila está?

 a) C-8   b) K-8   c) D-8   d) 8

28.- ¿Cuántas casas vemos en la tabla de referencia?

 a) 6   b) 7   c) 8   d) 9

29.- En la casilla F-7 podemos observar:

 a) Una casa   b) Un árbol   c) Un panda   d) Una fabrica

30.- ¿Cuántos tipos de árboles hay en la tabla de referencia?

 a) 1   b) 2   c) 3   d) 4

Comparación y observación 1

Tabla de referencia

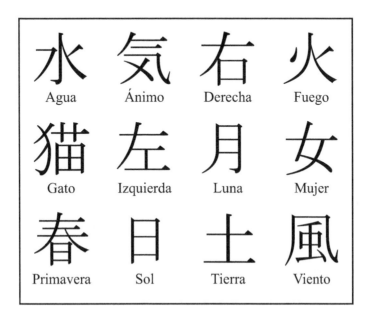

水 Agua	気 Ánimo	右 Derecha	火 Fuego
猫 Gato	左 Izquierda	月 Luna	女 Mujer
春 Primavera	日 Sol	土 Tierra	風 Viento

Test   🕐 15 min

1.-
a) 水 気 月 左
b) 火 女 春 風
c) 日 土 風 女
d) 水 火 左 猫
e) 気 左 春 日

2.-
a) 女 春 火 水
b) 水 左 土 風
c) 猫 日 春 土
d) 気 猫 右 気
e) 火 月 女 日

3.-
a) 月 日 春 気
b) 右 火 左 猫
c) 水 左 土 風
d) 左 気 右 日
e) 猫 月 風 右

6.-
a) 猫 左 女 日
b) 月 日 土 風
c) 気 猫 女 土
d) 水 気 火 月
e) 右 女 春 風

4.-
a) 左 右 女 水
b) 春 月 猫 土
c) 水 女 日 風
d) 火 月 春 気
e) 水 右 猫 土

7.-
a) 火 左 月 猫
b) 春 土 火 右
c) 気 月 猫 水
d) 左 女 春 日
e) 猫 月 春 水

5.-
a) 猫 春 土 風
b) 右 左 日 女
c) 月 猫 右 土
d) 日 月 風 猫
e) 左 水 女 右

8.-
a) 気 右 水 日
b) 月 女 土 気
c) 右 左 春 風
d) 日 春 左 水
e) 気 猫 月 土

9.-

a) | 水 | 右 | 女 | 日 |
b) | 左 | 春 | 気 | 春 |
c) | 土 | 月 | 猫 | 気 |
d) | 気 | 春 | 気 | 水 |
e) | 右 | 女 | 日 | 土 |

12.-

a) | 気 | 猫 | 女 | 水 |
b) | 左 | 月 | 春 | 日 |
c) | 右 | 猫 | 気 | 水 |
d) | 火 | 左 | 女 | 春 |
e) | 気 | 猫 | 日 | 女 |

10.-

a) | 気 | 右 | 左 | 水 |
b) | 左 | 月 | 日 | 土 |
c) | 気 | 猫 | 女 | 春 |
d) | 左 | 土 | 風 | 右 |
e) | 猫 | 日 | 土 | 水 |

13.-

a) | 気 | 猫 | 左 | 女 |
b) | 左 | 月 | 春 | 土 |
c) | 猫 | 春 | 日 | 風 |
d) | 右 | 火 | 左 | 春 |
e) | 火 | 猫 | 月 | 土 |

11.-

a) | 気 | 右 | 猫 | 月 |
b) | 日 | 女 | 気 | 春 |
c) | 右 | 左 | 女 | 水 |
d) | 左 | 春 | 土 | 風 |
e) | 猫 | 日 | 月 | 火 |

14.-

a) | 気 | 右 | 猫 | 気 |
b) | 左 | 日 | 月 | 猫 |
c) | 右 | 火 | 左 | 日 |
d) | 春 | 日 | 土 | 風 |
e) | 猫 | 左 | 右 | 火 |

15.-
a) 水 右 火 猫
b) 左 月 土 猫
c) 気 左 日 春
d) 猫 春 左 右
e) 気 右 土 日

18.-
a) 右 左 日 水
b) 火 猫 月 土
c) 水 月 風 猫
d) 気 猫 左 春
e) 左 日 春 猫

16.-
a) 気 左 月 右
b) 月 女 春 猫
c) 右 火 日 土
d) 日 土 風 月
e) 女 日 気 風

19.-
a) 月 右 猫 水
b) 左 春 土 風
c) 右 水 猫 女
d) 春 日 月 猫
e) 月 女 土 春

17.-
a) 気 猫 月 女
b) 左 日 土 風
c) 右 猫 春 左
d) 火 月 女 気
e) 女 春 風 猫

20.-
a) 右 左 月 土
b) 猫 春 日 風
c) 左 女 土 春
d) 右 猫 日 火
e) 気 月 女 猫

Comparación y observación 2

Tabla de referencia

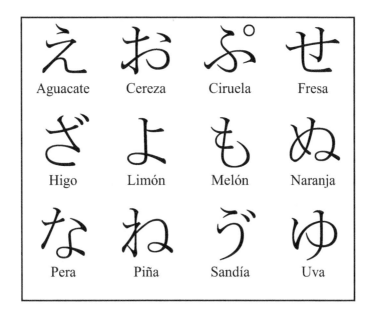

え	お	ぷ	せ
Aguacate	Cereza	Ciruela	Fresa
ざ	よ	も	ぬ
Higo	Limón	Melón	Naranja
な	ね	ず	ゆ
Pera	Piña	Sandía	Uva

Test

🕐 15 min

1.-
- a) え　お　ざ　な
- b) ぬ　ね　も　せ
- c) ね　ぬ　ゆ　え
- d) お　ぷ　ざ　ず
- e) せ　ね　も　な

2.-
- a) ぷ　ざ　ね　ぬ
- b) な　ね　ず　ゆ
- c) え　ぬ　な　せ
- d) も　な　ゆ　お
- e) よ　せ　ね　ず

3.-
a) | も | ね | ゆ | ぬ |
b) | せ | よ | な | お |
c) | ざ | ぬ | う | え |
d) | ぷ | よ | な | せ |
e) | お | せ | も | ゆ |

6.-
a) | ぬ | ね | ゆ | お |
b) | お | せ | も | ぷ |
c) | な | ね | う | ゆ |
d) | ぷ | ざ | ぬ | ね |
e) | よ | ね | せ | も |

4.-
a) | よ | ぬ | な | う |
b) | お | せ | も | ゆ |
c) | ぷ | ざ | な | ね |
d) | ざ | ぬ | う | ゆ |
e) | も | な | ね | う |

7.-
a) | え | ぷ | ざ | な |
b) | も | な | ね | ゆ |
c) | せ | ざ | よ | も |
d) | よ | ぬ | う | ゆ |
e) | お | ぷ | ざ | ぬ |

5.-
a) | お | ざ | ぬ | せ |
b) | ざ | お | え | も |
c) | ぬ | な | う | ゆ |
d) | よ | ぬ | ね | せ |
e) | え | お | ざ | ぷ |

8.-
a) | ぷ | ざ | ね | お |
b) | え | お | せ | も |
c) | な | ね | う | え |
d) | よ | せ | ね | ゆ |
e) | ざ | ぷ | お | ね |

9.-
a) も ぬ ね づ
b) よ な づ ゆ
c) え ぷ せ な
d) ぬ ね づ ざ
e) ぷ も よ ぬ

12.-
a) も な せ づ
b) ぬ ね づ ゆ
c) ぷ ざ お ぬ
d) お よ も ね
e) な ゆ ぬ お

10.-
a) お ざ ぬ ゆ
b) せ よ な も
c) ぷ ね づ ざ
d) せ ぬ な お
e) よ も ね え

13.-
a) せ よ ね づ
b) も ぷ ぬ な
c) え ざ も ゆ
d) お せ え も
e) え ざ ぷ せ

11.-
a) ぷ ざ も せ
b) え よ ぬ お
c) ぬ ね づ ゆ
d) よ ぬ な づ
e) ぷ せ お ぬ

14.-
a) よ ぬ な せ
b) ぷ も ね え
c) お づ ぷ ぬ
d) せ ざ ね ゆ
e) も ぷ ざ よ

15.-
a) | よ | ぬ | な | も |
b) | え | ぷ | よ | な |
c) | ぅ | ゆ | な | ぬ |
d) | ぷ | せ | お | ぅ |
e) | え | ざ | も | ゆ |

18.-
a) | え | ぷ | よ | ね |
b) | ざ | ぬ | ぅ | な |
c) | ぷ | よ | ぬ | ぅ |
d) | ぬ | ざ | ぷ | な |
e) | え | ぅ | ね | ゆ |

16.-
a) | ぷ | も | ぬ | ぅ |
b) | え | せ | よ | な |
c) | お | ざ | ね | ゆ |
d) | せ | も | な | ね |
e) | よ | ぬ | ぅ | ゆ |

19.-
a) | な | ね | ぅ | ざ |
b) | お | せ | ぬ | ぅ |
c) | え | ぷ | せ | よ |
d) | ぬ | な | お | ぅ |
e) | よ | も | な | ゆ |

17.-
a) | お | ざ | な | ぬ |
b) | ぷ | も | ね | よ |
c) | ね | ぅ | ゆ | ぬ |
d) | ぷ | よ | も | な |
e) | せ | な | え | ぅ |

20.-
a) | え | ぷ | ざ | お |
b) | せ | よ | ぬ | ね |
c) | な | ね | ゆ | ぅ |
d) | お | ざ | も | ぬ |
e) | な | ぅ | ぷ | ざ |

Comparación y observación 3

Tabla de referencia

ग	द	अ	प
Ardilla	Burro	Elefante	Foca
ज	क	न	ळ
Gato	Hormiga	Mono	Nutria
ख	ठ	ई	श
Pez	Rata	Tortuga	Vaca

Test   🕐 15 min

1.-
a) द प क ज
b) ठ ई श न
c) ग ज ठ ई
d) अ प ख ळ
e) न ळ ई श

2.-
a) क न ठ ई
b) ग अ ख ठ
c) ज द प न
d) अ ज क द
e) प ग न ख

3.-

a)	ज	ऩ	ख	ई
b)	क	ळ॰	ऩ	ठ
c)	ग	अ	ई	ख
d)	द	ज	क	द
e)	प	ई	श	ख

6.-

a)	ग	क	ई	ळ॰
b)	ज	ठ	ख	श
c)	द	ऩ	ठ	द
d)	अ	प	ज	ई
e)	ळ॰	ख	द	ऩ

4.-

a)	द	क	ठ	ख
b)	ग	ज	ळ॰	क
c)	अ	ऩ	ई	श
d)	प	ळ॰	ज	ख
e)	ज	ठ	ऩ	अ

7.-

a)	अ	क	ळ॰	ठ
b)	द	ज	ऩ	श
c)	प	ख	ठ	ई
d)	ग	अ	क	ऩ
e)	क	ळ॰	ख	ई

5.-

a)	ग	अ	ठ	ळ॰
b)	ज	ऩ	ख	श
c)	द	क	अ	प
d)	क	ग	ळ॰	ख
e)	प	क	ठ	श

8.-

a)	अ	ऩ	ई	ठ
b)	द	ज	ळ॰	प
c)	ग	क	अ	ख
d)	ज	ऩ	ठ	श
e)	प	ळ॰	द	ई

9.-
a) ख ठ ई श
b) द ऩ ख अ
c) ग ज ठ ई
d) अ प ज द
e) ऩ ऴ अ श

12.-
a) द अ ख ज
b) प क ऩ ग
c) ग द प ई
d) ठ ई श ज
e) प क ऴ ठ

10.-
a) प ख अ ज
b) ख ठ ई श
c) द क ऴ ज
d) अ प ख ग
e) ग द ज प

13.-
a) अ ज द ग
b) ऩ ऴ क ज
c) ग द ख ठ
d) ख अ ज ई
e) द ऩ ऴ ग

11.-
a) ज ठ ई ख
b) प ख ठ श
c) अ प ज ग
d) ख ऴ ठ ई
e) ग द ज प

14.-
a) प ख ठ ई
b) अ ज क ठ
c) ग ऩ ख श
d) द ठ ई श
e) क ऴ ठ ई

15.- a)

द	अ	ज	प

b)

क	न	ख	ऴ

c)

ग	द	प	ज

d)

क	ऴ	न	ग

e)

ख	ज	ऴ	द

18.- a)

द	ज	अ	क

b)

ग	ठ	ख	ऴ

c)

ख	ई	द	ग

d)

प	ज	क	श

e)

ठ	ई	श	द

16.- a)

अ	प	ज	द

b)

क	न	ऴ	ख

c)

ठ	ई	श	ग

d)

प	ज	क	ख

e)

द	न	ठ	ई

19.- a)

ग	अ	प	क

b)

न	ख	ऴ	द

c)

ज	ठ	ई	क

d)

अ	ज	न	प

e)

द	क	ग	ऴ

17.- a)

ख	ठ	ई	श

b)

ज	क	ऴ	न

c)

न	ख	श	द

d)

ग	ज	ठ	अ

e)

क	ऴ	ख	ग

20.- a)

अ	क	ख	श

b)

द	न	ऴ	ई

c)

ग	क	न	ठ

d)

प	ऴ	ख	श

e)

अ	ज	ठ	ई

Criptogramas 1

Tabla de referencia

E	U	C	A	L	I	P	T	O	S
0	1	2	3	4	5	6	7	8	9

Test

 18 min

1.- CALA + TOS
 a) 3332   b) AUCA   c) A1A2   d) 3231

2.- COSTA - SETA
 a) U9S0E   b) ESTIO   c) 19990   d) SEAS

3.- PILAS x 2
 a) 120877   b) 130TOT   c) UAEOTO   d) PAE8T8

4.- SOPAS - 47258
 a) ILADO   b) 51371   c) 51382   d) 51381

5.- POLLO + CASTA
 a) SALUD   b) SCLCU   c) SALUS   d) CLAEU

6.- T24L8 ÷ 4
 a) UUUUC   b) OOOUC   c) UOUUC   d) UOUOC

7.- SOTA + SETO + SITO
 a) 28530   b) 28529   c) CO53O   d) 38529

8.- PASTA - POSO
 a) ITETI   b) 57175   c) PTETI   d) 67074

9.- COLLA x EL

a) 113322   b) 113333   c) 113772   d) 112222

10.- ECO ÷ EL

a) UT   b) T   c) EO   d) UP

11.- LATAS - 43738

a) EEEUU   b) E   c) EEEUEU   d) U

12.- TOPACIO - CALIPO

a) 76286SE   b) 6528691   c) 75286SU   d) 7528691

13.- TILA + CASATE

a) 346913   b) 246914   c) 226913   d) 246913

14.- TOS ÷ 3

a) CPA   b) OPA   c) TPA   d) SPA

15.- PLATO - COLA

a) P1I3I   b) 51535   c) 51555   d) 61536

16.- CLASE + PLATA

a) TTTPA   b) OOTPA   c) TOPOS   d) TOTPO

17.- ALO x OCA

a) COPLEI   b) COPLEP   c) COPLEA   d) COPLEL

18.- PILATOS - E7O9

a) PILAETE   b) PILATES   c) 65432EE   d) 6543EEE

19.- CELOS - LAPA

a) C6126   b) U6126   c) CP126   d) CPU26

20.- 4L8O ÷ LEO

a) CU   b) UU   c) CE   d) UC

Criptogramas 2

Tabla de referencia

C	E	N	T	R	I	F	U	G	O
0	1	2	3	4	5	6	7	8	9

Test

 18 min

1.- CENTRO + TRONO

   a) RUNAR   b) R7279   c) RUNUG   d) IUNUG

2.- 12500 - EIE

   a) CENTRO   b) EENTRO   c) 12350   d) FENTRO

3.- TRIGO x 2

   a) 69180   b) 69178   c) 79178   d) 69182

4.- TREN ÷ 4

   a) GOT   b) GET   c) GUT   d) GIT

5.- FUEGO + CIEGO

   a) 82388   b) 72378   c) 72277   d) 82280

6.- CINCO - UNO

   a) RGGE   b) RRGC   c) RRCC   d) RRRC

7.- TREN + 2143

   a) IIIII   b) 5455   c) 5444   d) I4I54

8.- NORTE + ROTE

   a) 34343   b) 34361   c) 34362   d) TRTRT

9.- FRIO ÷ CT

  a) 3153   b) 2153   c) 4153   d) 5153

10.- E87N46 x (G - F)

  a) TUGRON   b) TIGREN   c) TURRON   d) TIRRIN

11.- TEO + FEO + NEO

  a) 1157   b) 1158   c) 1159   d) 1160

12.- TRINEO - PREFIJO DE NUEVO

  a) 145100   b) 235000   c) 345100   d) 345CCC

13.- CERTIFICO + FRITO

  a) 14421048   b) 14410948   c) 421048   d) 21048

14.- EURO x CEN

  a) 21000   b) 20990   c) 20988   d) 20900

15.- RUIN + TURIN - TORIN

  a) 22772   b) 2772   c) 27772   d) 2752

16.- CENTRO - FUGO

  a) CCRIFO   b) 00RIFC   c) IIFO   d) ECRIFC

17.- CIEN x TE

  a) 118732   b) 15874   c) 15872   d) 15900

18.- RITO ÷ CE

  a) 4539   b) 4540   c) 4538   d) 4541

19.- 834500 + 400030

  a) CENTRINO   b) CENTRITC   c) CENTRINT   d) CNTRINI

20.- TRITON - TRITO

  a) TRITO   b) TECGIT   c) 310762   d) TECTON

Comparativo y ley 1

 18 min

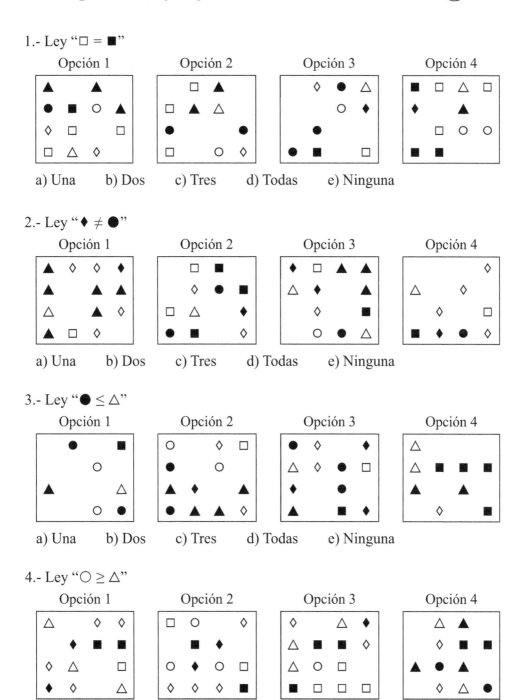

1.- Ley "□ = ■"

| Opción 1 | Opción 2 | Opción 3 | Opción 4 |

a) Una   b) Dos   c) Tres   d) Todas   e) Ninguna

2.- Ley "♦ ≠ ●"

| Opción 1 | Opción 2 | Opción 3 | Opción 4 |

a) Una   b) Dos   c) Tres   d) Todas   e) Ninguna

3.- Ley "● ≤ △"

| Opción 1 | Opción 2 | Opción 3 | Opción 4 |

a) Una   b) Dos   c) Tres   d) Todas   e) Ninguna

4.- Ley "○ ≥ △"

| Opción 1 | Opción 2 | Opción 3 | Opción 4 |

a) Una   b) Dos   c) Tres   d) Todas   e) Ninguna

5.- Ley "△ > ■ Ó ◆ > □"

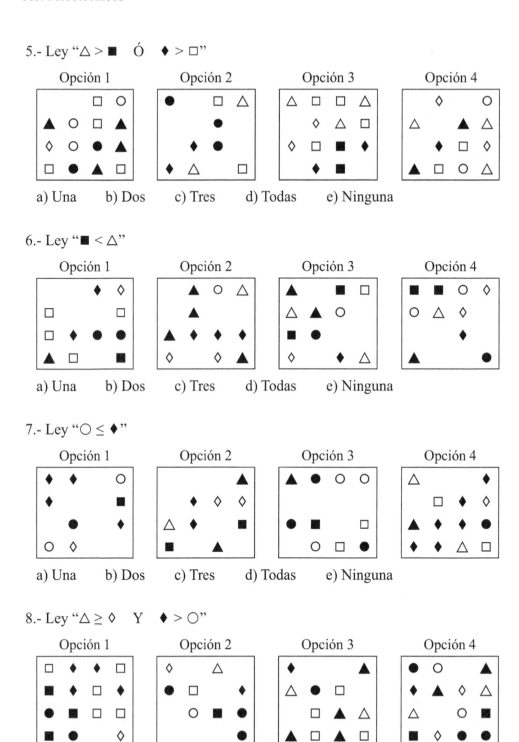

| Opción 1 | Opción 2 | Opción 3 | Opción 4 |

a) Una   b) Dos   c) Tres   d) Todas   e) Ninguna

6.- Ley "■ < △"

| Opción 1 | Opción 2 | Opción 3 | Opción 4 |

a) Una   b) Dos   c) Tres   d) Todas   e) Ninguna

7.- Ley "○ ≤ ◆"

| Opción 1 | Opción 2 | Opción 3 | Opción 4 |

a) Una   b) Dos   c) Tres   d) Todas   e) Ninguna

8.- Ley "△ ≥ ◇ Y ◆ > ○"

| Opción 1 | Opción 2 | Opción 3 | Opción 4 |

a) Una   b) Dos   c) Tres   d) Todas   e) Ninguna

9.- Ley "■ ≠ ●"

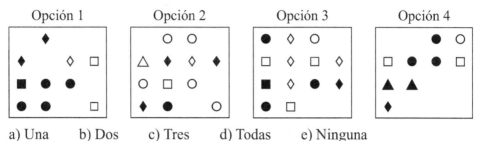

a) Una   b) Dos   c) Tres   d) Todas   e) Ninguna

10.- Ley "● ≥ ◆   Y   ■ > ▲"

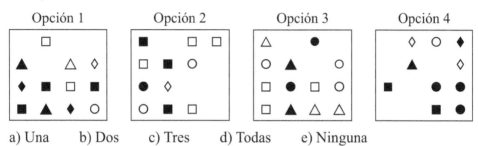

a) Una   b) Dos   c) Tres   d) Todas   e) Ninguna

11.- Ley "■ < △"

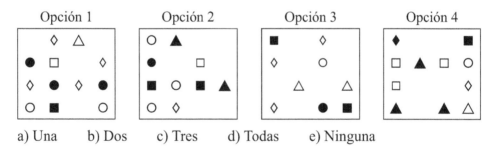

a) Una   b) Dos   c) Tres   d) Todas   e) Ninguna

12.- Ley "▲ > ◆"

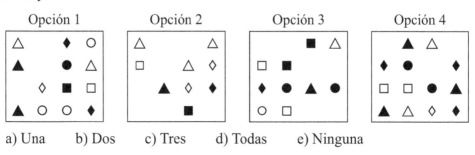

a) Una   b) Dos   c) Tres   d) Todas   e) Ninguna

13.- Ley "△ ≤ ◊"

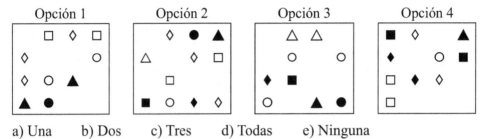

a) Una   b) Dos   c) Tres   d) Todas   e) Ninguna

14.- Ley "◊ = ○ Ó ♦ > ●"

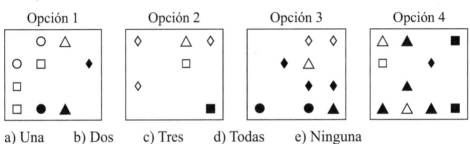

a) Una   b) Dos   c) Tres   d) Todas   e) Ninguna

15.- Ley "○ ≤ □ Y ○ > ◊"

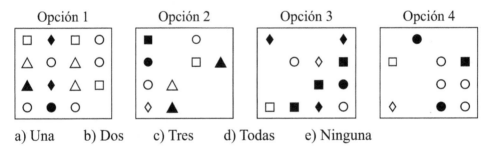

a) Una   b) Dos   c) Tres   d) Todas   e) Ninguna

16.- Ley "□ ≥ △ Y ■ > ▲"

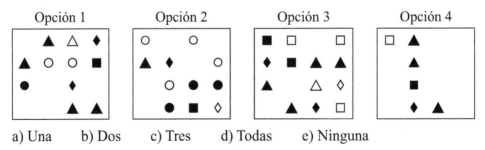

a) Una   b) Dos   c) Tres   d) Todas   e) Ninguna

17.- Ley "▲ > ♦"

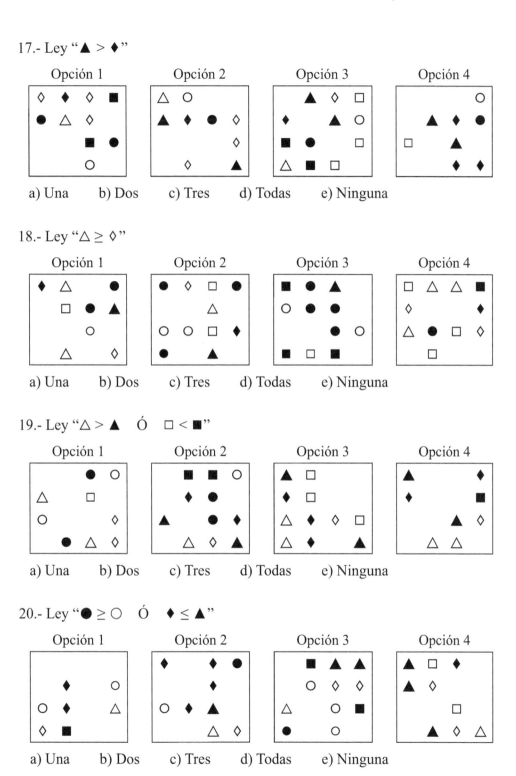

Opción 1   Opción 2   Opción 3   Opción 4

a) Una   b) Dos   c) Tres   d) Todas   e) Ninguna

18.- Ley "△ ≥ ◊"

Opción 1   Opción 2   Opción 3   Opción 4

a) Una   b) Dos   c) Tres   d) Todas   e) Ninguna

19.- Ley "△ > ▲   Ó   □ < ■"

Opción 1   Opción 2   Opción 3   Opción 4

a) Una   b) Dos   c) Tres   d) Todas   e) Ninguna

20.- Ley "● ≥ ○   Ó   ♦ ≤ ▲"

Opción 1   Opción 2   Opción 3   Opción 4

a) Una   b) Dos   c) Tres   d) Todas   e) Ninguna

Comparativo y ley 2

 18 min

1.- Ley "◊ = △"

Opción 1	Opción 2	Opción 3	Opción 4

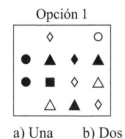 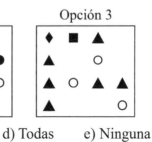

a) Una   b) Dos   c) Tres   d) Todas   e) Ninguna

2.- Ley "♦ ≠ △"

Opción 1	Opción 2	Opción 3	Opción 4

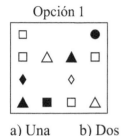 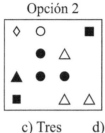 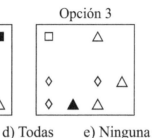 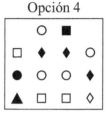

a) Una   b) Dos   c) Tres   d) Todas   e) Ninguna

3.- Ley "△ > ■ Ó ▲ < ●"

Opción 1	Opción 2	Opción 3	Opción 4

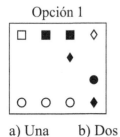 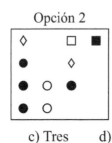 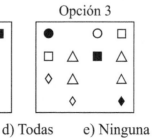 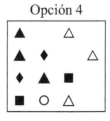

a) Una   b) Dos   c) Tres   d) Todas   e) Ninguna

4.- Ley "■ < ○"

Opción 1	Opción 2	Opción 3	Opción 4

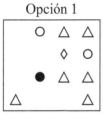 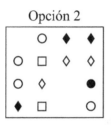 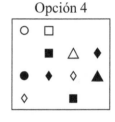

a) Una   b) Dos   c) Tres   d) Todas   e) Ninguna

5.- Ley "□ > △"

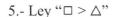
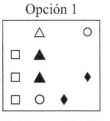
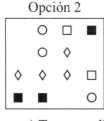
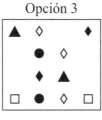
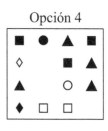

a) Una   b) Dos   c) Tres   d) Todas   e) Ninguna

6.- Ley "● ≥ △"

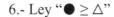
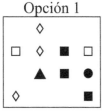
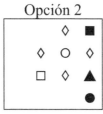
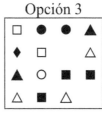
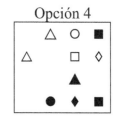

a) Una   b) Dos   c) Tres   d) Todas   e) Ninguna

7.- Ley "○ ≤ ■   Ó   ◊ < □"

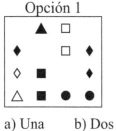
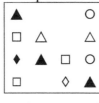
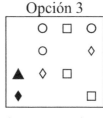
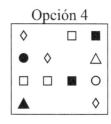

a) Una   b) Dos   c) Tres   d) Todas   e) Ninguna

8.- Ley "♦ ≥ ■   Y   △ > □"

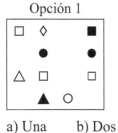
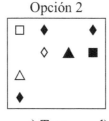
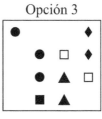
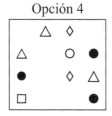

a) Una   b) Dos   c) Tres   d) Todas   e) Ninguna

9.- Ley "▲ ≠ ■   Y   ■ = □"

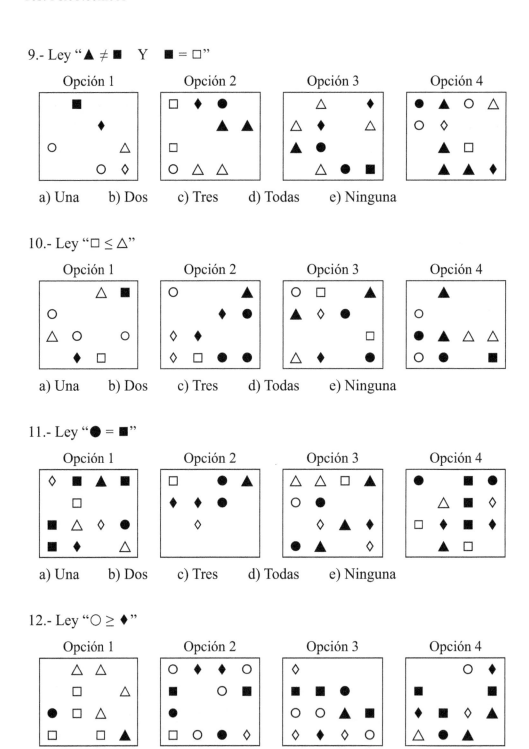

10.- Ley "□ ≤ △"

11.- Ley "● = ■"

12.- Ley "○ ≥ ♦"

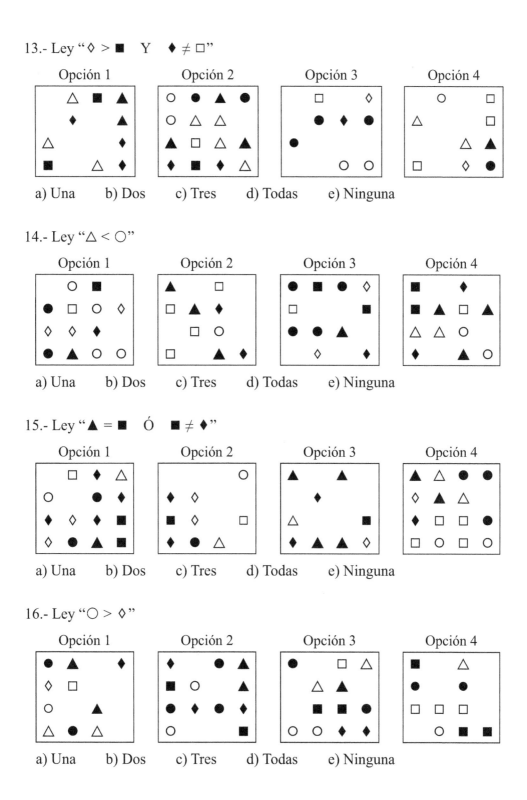

13.- Ley "◊ > ■   Y   ♦ ≠ □"

Opción 1   Opción 2   Opción 3   Opción 4

a) Una   b) Dos   c) Tres   d) Todas   e) Ninguna

14.- Ley "△ < ○"

Opción 1   Opción 2   Opción 3   Opción 4

a) Una   b) Dos   c) Tres   d) Todas   e) Ninguna

15.- Ley "▲ = ■   Ó   ■ ≠ ♦"

Opción 1   Opción 2   Opción 3   Opción 4

a) Una   b) Dos   c) Tres   d) Todas   e) Ninguna

16.- Ley "○ > ◊"

Opción 1   Opción 2   Opción 3   Opción 4

a) Una   b) Dos   c) Tres   d) Todas   e) Ninguna

17.- Ley "○ ≥ ◊"

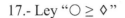

| Opción 1 | Opción 2 | Opción 3 | Opción 4 |

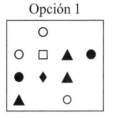 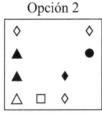 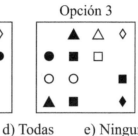 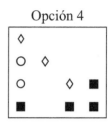

a) Una   b) Dos   c) Tres   d) Todas   e) Ninguna

18.- Ley "● > ♦"

| Opción 1 | Opción 2 | Opción 3 | Opción 4 |

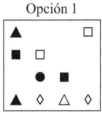 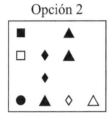 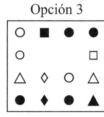 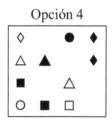

a) Una   b) Dos   c) Tres   d) Todas   e) Ninguna

19.- Ley "○ ≠ △   Y   □ = ○"

| Opción 1 | Opción 2 | Opción 3 | Opción 4 |

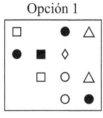 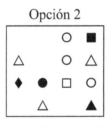 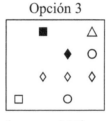 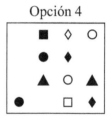

a) Una   b) Dos   c) Tres   d) Todas   e) Ninguna

20.- Ley "○ < ●   Ó   ● ≤ ○"

| Opción 1 | Opción 2 | Opción 3 | Opción 4 |

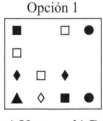 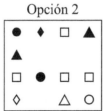

a) Una   b) Dos   c) Tres   d) Todas   e) Ninguna

Comparación 1

🕐 10 min

Tabla de referencia 1

á △ ö A̸ ⊇ ㅂ ╫ Ψ

1.-

ㅂ ⊖ à ā

    a) Uno   b) Dos   c) Tres   d) Ninguno

2.-

□ õ ㅂ à

    a) Uno   b) Dos   c) Tres   d) Ninguno

3.-

⊆ □ □ ㅂ̌ õ

    a) Uno   b) Dos   c) Tres   d) Ninguno

4.-

A̷ A̸ Ψ ō □ ǎ

    a) Uno   b) Dos   c) Tres   d) Ninguno

5.-

□ ō õ ╫ ā ⌂ ⊇

    a) Uno   b) Dos   c) Tres   d) Ninguno

6.-

⊆ A̷ Ψ õ ǎ ╫ ō à

    a) Uno   b) Dos   c) Tres   d) Ninguno

7.-

ǎ ╫ ⊇ ō ⊆ □ ⌂ Φ

    a) Uno   b) Dos   c) Tres   d) Ninguno

8.-

à Φ □ □ Ψ õ ā á

    a) Uno   b) Dos   c) Tres   d) Ninguno

Tabla de referencia 2

⌂ ⊇ Φ á ā ō ö ☐ ╣ N̄ ⱻ

9.- ╣ Θ ψ △ à Ψ õ N̄
   a) Uno   b) Dos   c) Tres   d) Ninguno

10.- ☐ ⱻ Ψ △ à ☐ ⱻ̃ N̄
   a) Uno   b) Dos   c) Tres   d) Ninguno

11.- ⱻ ╣ Ψ ⊆ △ N̄ ⱻ̃ N̄ à õ
   a) Uno   b) Dos   c) Tres   d) Ninguno

12.- △ ╣ ⌂ N̄ Ψ ā ǎ à N̄ ψ õ
   a) Uno   b) Dos   c) Tres   d) Ninguno

13.- N̄ Φ ╣ N̄ ⌂ ǎ à Ψ ψ
   a) Uno   b) Dos   c) Tres   d) Ninguno

14.- ǎ ψ ⊆ N̄ õ N̄ ╣ ⱻ̃ Ψ Θ
   a) Uno   b) Dos   c) Tres   d) Ninguno

15.- ⊆ Ψ ╣ á ⱻ̃ ā △ N̄ ╣
   a) Uno   b) Dos   c) Tres   d) Ninguno

16.- õ ψ ☐ ⱻ̃ Θ △ Ψ à N̄ ╣ ǎ
   a) Uno   b) Dos   c) Tres   d) Ninguno

17.- ⱻ̃ ☐ ╣ N̄ △ à ⊆ Ψ ā N̄ õ ψ
   a) Uno   b) Dos   c) Tres   d) Ninguno

Comparación 2

🕐 10 min

Tabla de referencia 1

ö ⊖ ⊇ ѣ̆ Ψ à Ψ ╢ õ

1.- Φ ă A̷ ⌂ á ☐
   a) Uno   b) Dos   c) Tres   d) Ninguno

2.- ⌂ ѣ ѣ̆ á A̷ A̷ ō
   a) Uno   b) Dos   c) Tres   d) Ninguno

3.- A̷ ╢ ☐ õ à ă ╢ ō
   a) Uno   b) Dos   c) Tres   d) Ninguno

4.- ⊇ ѣ ă Ψ ╢ ⌂ ā △
   a) Uno   b) Dos   c) Tres   d) Ninguno

5.- ☐ ă ╢ A̷ ☐ △ ⌂ A̷ ō
   a) Uno   b) Dos   c) Tres   d) Ninguno

6.- △ á ☐ õ ѣ A̷ ╢ A̷ ⌂ A̷
   a) Uno   b) Dos   c) Tres   d) Ninguno

7.- △ ⌂ ⊆ ╢ ⊇ ☐ ⊖ Φ
   a) Uno   b) Dos   c) Tres   d) Ninguno

8.- ⊖ ⊇ ☐ ѣ ⊆ A̷ Φ
   a) Uno   b) Dos   c) Tres   d) Ninguno

Tabla de referencia 2

à △ Θ A̸ ⊆ ど ⊣ △ ā ō õ Ψ

9.-   ō ど A̸ △ á Ψ ⊇ ă ψ
a) Uno   b) Dos   c) Tres   d) Ninguno

10.-   ψ ö ă Φ □ A̸ A̸ □ á ⊇
a) Uno   b) Dos   c) Tres   d) Ninguno

11.-   □ ど á ψ A̸ △ ă ⊣ A̸
a) Uno   b) Dos   c) Tres   d) Ninguno

12.-   ⊣ ă A̸ A̸ ⊇ □ A̸ Φ ど □
a) Uno   b) Dos   c) Tres   d) Ninguno

13.-   ö á A̸ □ A̸ ど Φ ⊇ A̸ Ψ ă
a) Uno   b) Dos   c) Tres   d) Ninguno

14.-   ψ ど ⊣ ⊣ Ψ A̸ □ ă ⊇ ö A̸ á
a) Uno   b) Dos   c) Tres   d) Ninguno

15.-   ⊆ ö □ ψ ど Φ ⊇ ⊣ á A̸ △
a) Uno   b) Dos   c) Tres   d) Ninguno

16.-   ö ⊇ A̸ ど A̸ á □ ă ψ □ Φ ⊣
a) Uno   b) Dos   c) Tres   d) Ninguno

17.-   ⊇ Φ ă A̸ △ á ö ど □ ⊣ ψ ⊣
a) Uno   b) Dos   c) Tres   d) Ninguno

PSICOTÉCNICOS DE RAZONAMIENTO

Análisis de información: Lee con atención los datos que aparecen en la tabla de referencia y resuelve las preguntas. Puedes tomar anotaciones y consultar la tabla durante la realización del test.

Incógnitas: Resuelve cada igualdad para poder responder la pregunta correspondiente.

Matrices 1

 10 min

1.-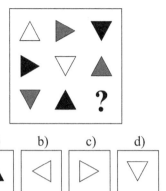

2.-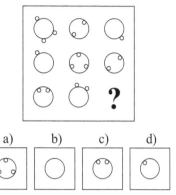

3.-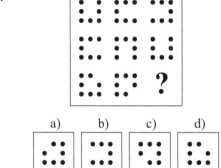

4.-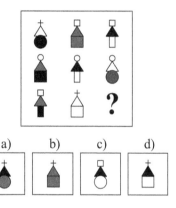

5.-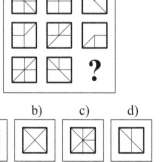

6.-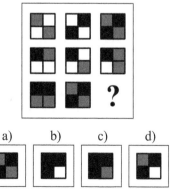

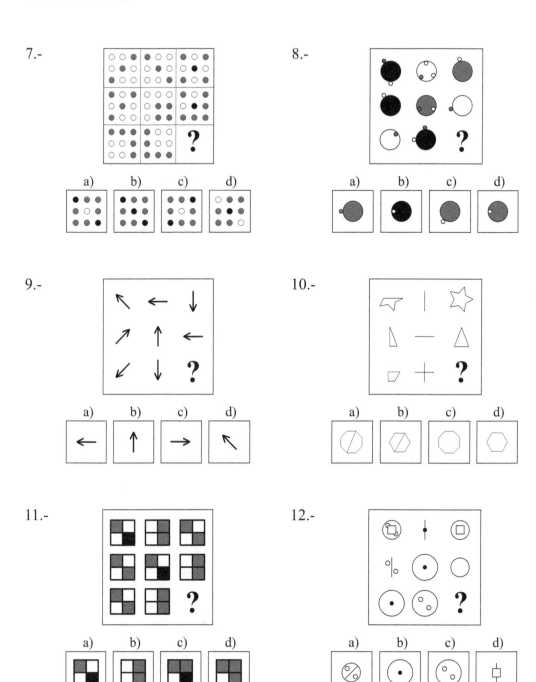

7.-

8.-

9.-

10.-

11.-

12.-

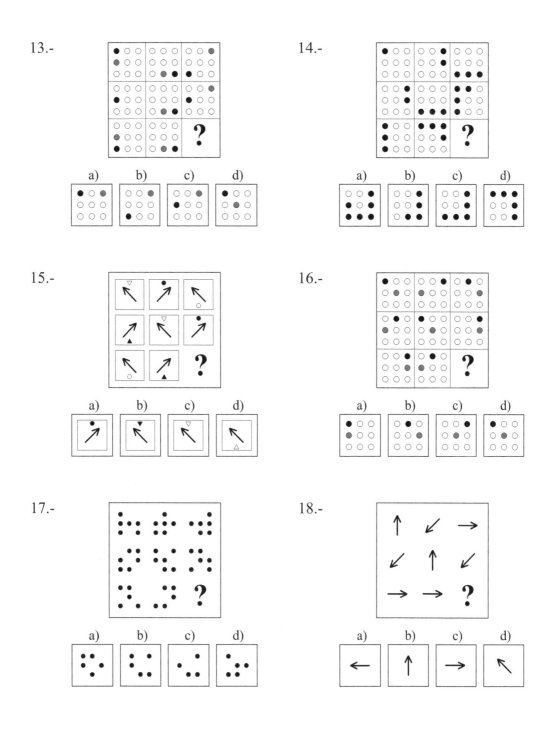

13.-

a) b) c) d)

14.-

a) b) c) d)

15.-

a) b) c) d)

16.-

a) b) c) d)

17.-

a) b) c) d)

18.-

a) b) c) d)

19.-

20.-

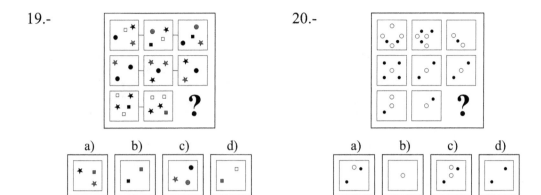

Matrices 2

 10 min

1.-

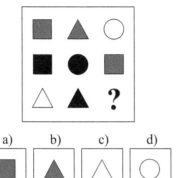

| a) | b) | c) | d) |

2.-

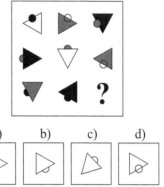

| a) | b) | c) | d) |

3.-

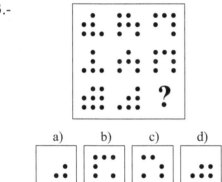

| a) | b) | c) | d) |

4.-

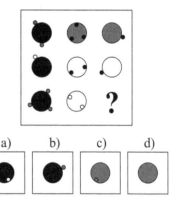

| a) | b) | c) | d) |

5.-

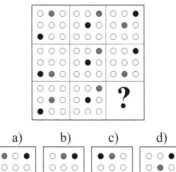

| a) | b) | c) | d) |

6.-

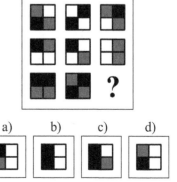

| a) | b) | c) | d) |

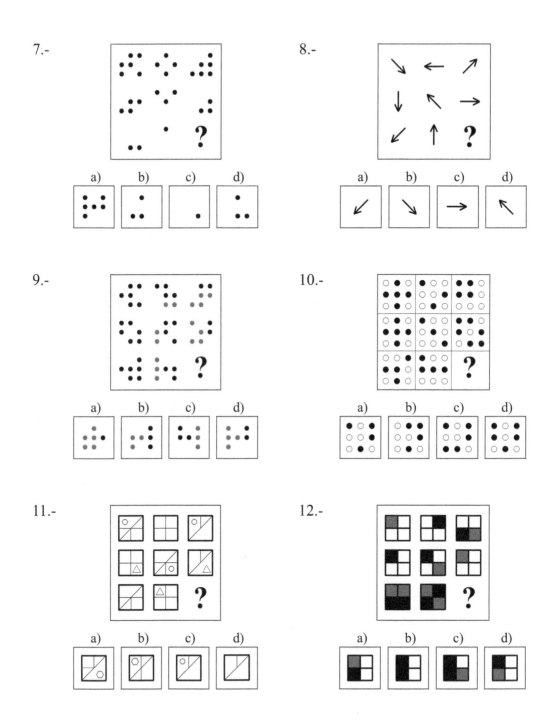

7.-

8.-

9.-

10.-

11.-

12.-

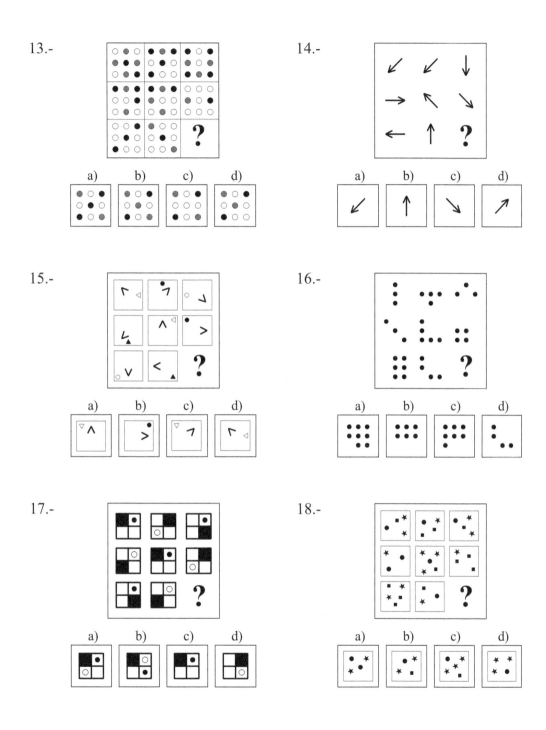

13.-

a) b) c) d)

14.-

a) b) c) d)

15.-

a) b) c) d)

16.-

a) b) c) d)

17.-

a) b) c) d)

18.-

a) b) c) d)

19.-

20.-

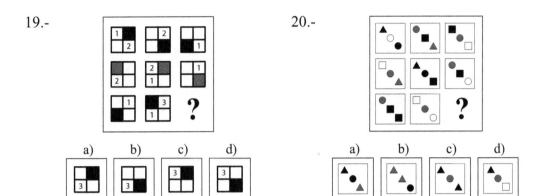

Relojes 1

 12 min

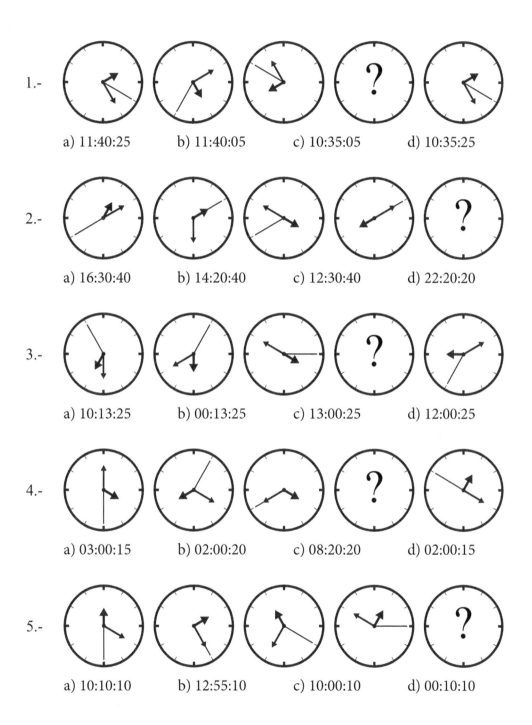

1.-
a) 11:40:25   b) 11:40:05   c) 10:35:05   d) 10:35:25

2.-
a) 16:30:40   b) 14:20:40   c) 12:30:40   d) 22:20:20

3.-
a) 10:13:25   b) 00:13:25   c) 13:00:25   d) 12:00:25

4.-
a) 03:00:15   b) 02:00:20   c) 08:20:20   d) 02:00:15

5.-
a) 10:10:10   b) 12:55:10   c) 10:00:10   d) 00:10:10

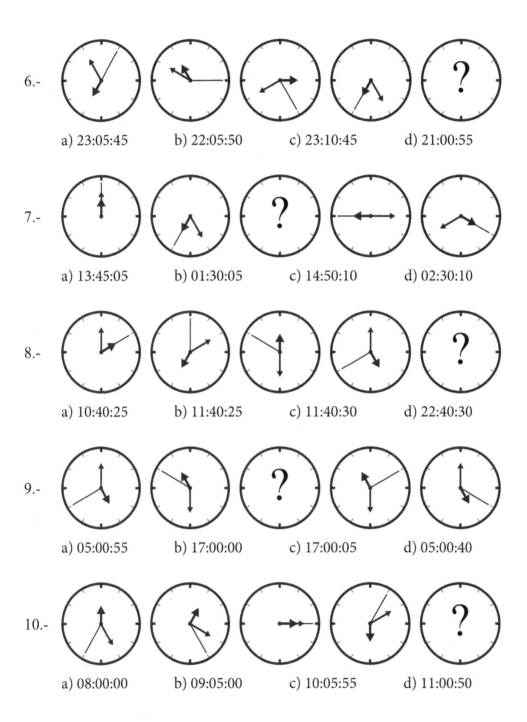

6.-

a) 23:05:45   b) 22:05:50   c) 23:10:45   d) 21:00:55

7.-

a) 13:45:05   b) 01:30:05   c) 14:50:10   d) 02:30:10

8.-

a) 10:40:25   b) 11:40:25   c) 11:40:30   d) 22:40:30

9.-

a) 05:00:55   b) 17:00:00   c) 17:00:05   d) 05:00:40

10.-

a) 08:00:00   b) 09:05:00   c) 10:05:55   d) 11:00:50

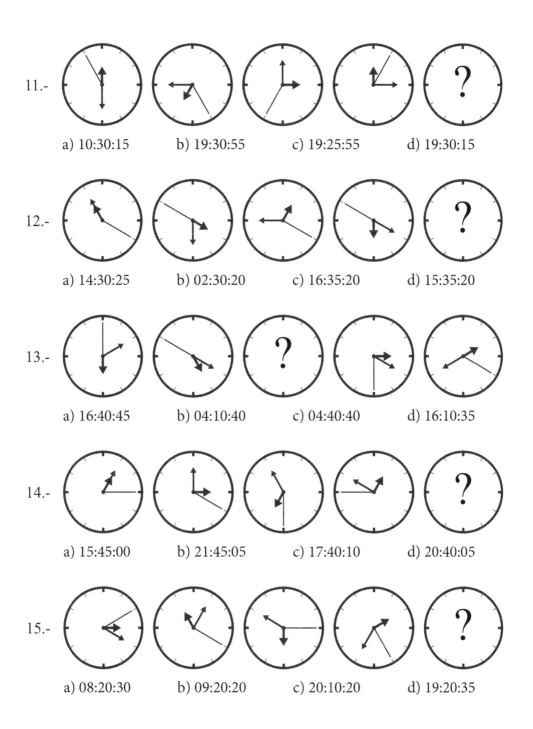

11.-

a) 10:30:15   b) 19:30:55   c) 19:25:55   d) 19:30:15

12.-

a) 14:30:25   b) 02:30:20   c) 16:35:20   d) 15:35:20

13.-

a) 16:40:45   b) 04:10:40   c) 04:40:40   d) 16:10:35

14.-

a) 15:45:00   b) 21:45:05   c) 17:40:10   d) 20:40:05

15.-

a) 08:20:30   b) 09:20:20   c) 20:10:20   d) 19:20:35

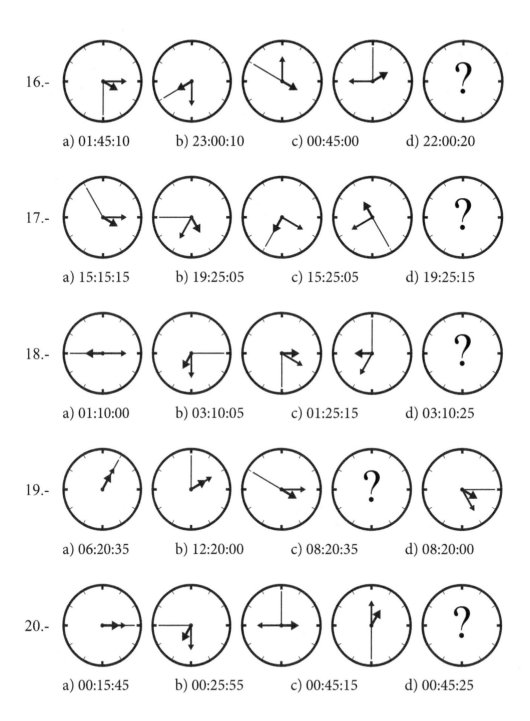

16.-

a) 01:45:10　　b) 23:00:10　　c) 00:45:00　　d) 22:00:20

17.-

a) 15:15:15　　b) 19:25:05　　c) 15:25:05　　d) 19:25:15

18.-

a) 01:10:00　　b) 03:10:05　　c) 01:25:15　　d) 03:10:25

19.-

a) 06:20:35　　b) 12:20:00　　c) 08:20:35　　d) 08:20:00

20.-

a) 00:15:45　　b) 00:25:55　　c) 00:45:15　　d) 00:45:25

Relojes 2

 12 min

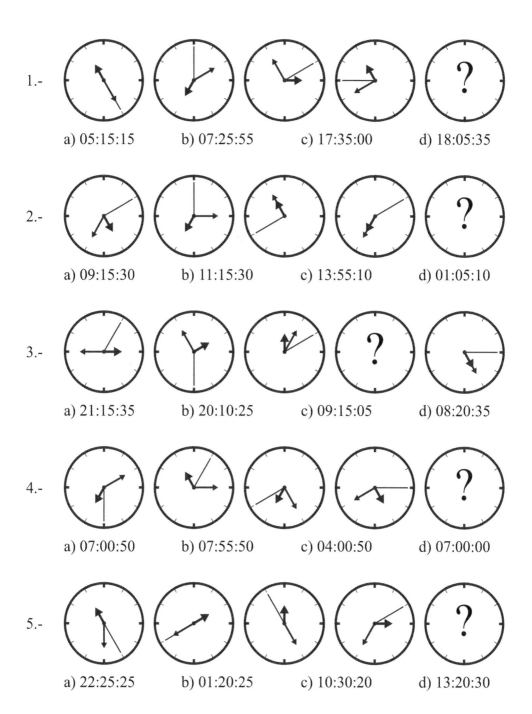

1.-
a) 05:15:15   b) 07:25:55   c) 17:35:00   d) 18:05:35

2.-
a) 09:15:30   b) 11:15:30   c) 13:55:10   d) 01:05:10

3.-
a) 21:15:35   b) 20:10:25   c) 09:15:05   d) 08:20:35

4.-
a) 07:00:50   b) 07:55:50   c) 04:00:50   d) 07:00:00

5.-
a) 22:25:25   b) 01:20:25   c) 10:30:20   d) 13:20:30

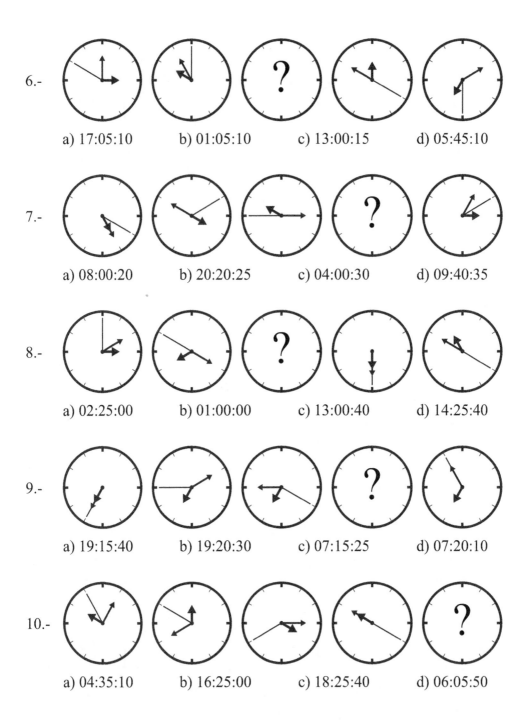

6.-

a) 17:05:10   b) 01:05:10   c) 13:00:15   d) 05:45:10

7.-

a) 08:00:20   b) 20:20:25   c) 04:00:30   d) 09:40:35

8.-

a) 02:25:00   b) 01:00:00   c) 13:00:40   d) 14:25:40

9.-

a) 19:15:40   b) 19:20:30   c) 07:15:25   d) 07:20:10

10.-

a) 04:35:10   b) 16:25:00   c) 18:25:40   d) 06:05:50

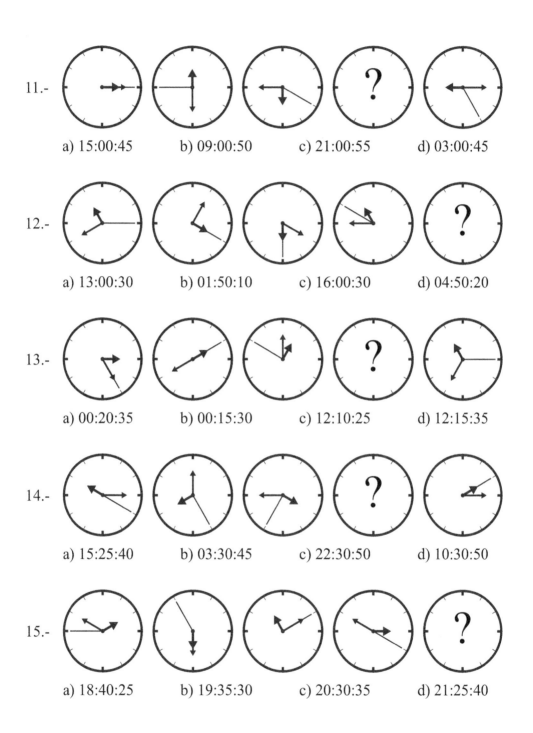

11.-

a) 15:00:45   b) 09:00:50   c) 21:00:55   d) 03:00:45

12.-

a) 13:00:30   b) 01:50:10   c) 16:00:30   d) 04:50:20

13.-

a) 00:20:35   b) 00:15:30   c) 12:10:25   d) 12:15:35

14.-

a) 15:25:40   b) 03:30:45   c) 22:30:50   d) 10:30:50

15.-

a) 18:40:25   b) 19:35:30   c) 20:30:35   d) 21:25:40

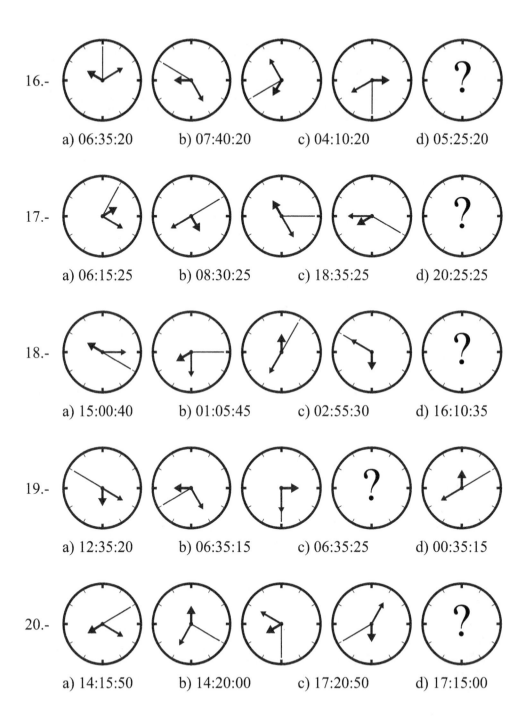

16.-

a) 06:35:20   b) 07:40:20   c) 04:10:20   d) 05:25:20

17.-

a) 06:15:25   b) 08:30:25   c) 18:35:25   d) 20:25:25

18.-

a) 15:00:40   b) 01:05:45   c) 02:55:30   d) 16:10:35

19.-

a) 12:35:20   b) 06:35:15   c) 06:35:25   d) 00:35:15

20.-

a) 14:15:50   b) 14:20:00   c) 17:20:50   d) 17:15:00

Dominós 1

 12 min

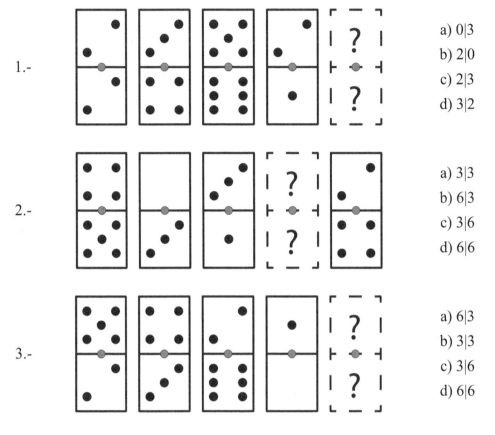

1.-
a) 0|3
b) 2|0
c) 2|3
d) 3|2

2.-
a) 3|3
b) 6|3
c) 3|6
d) 6|6

3.-
a) 6|3
b) 3|3
c) 3|6
d) 6|6

4.-
a) 3|3
b) 4|5
c) 4|4
d) 5|5

5.-
a) 2|3
b) 5|2
c) 5|3
d) 5|5

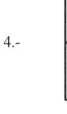
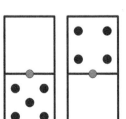
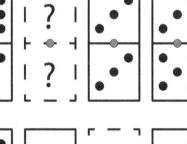
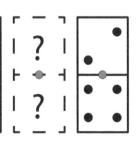

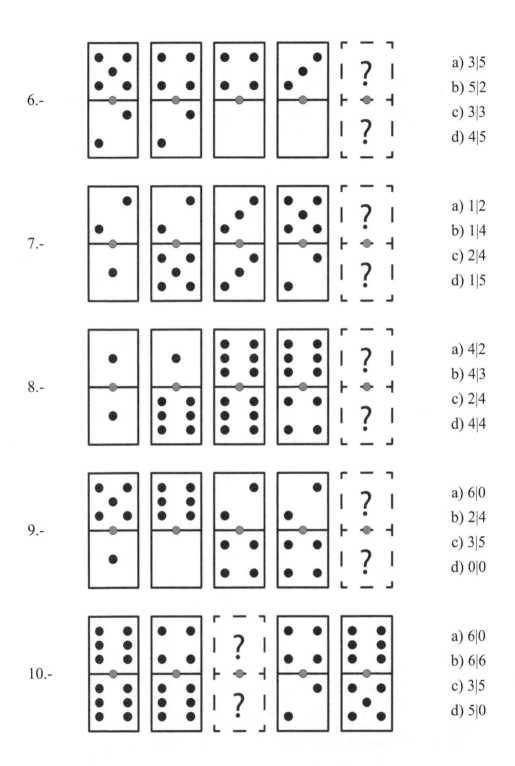

6.-
a) 3|5
b) 5|2
c) 3|3
d) 4|5

7.-
a) 1|2
b) 1|4
c) 2|4
d) 1|5

8.-
a) 4|2
b) 4|3
c) 2|4
d) 4|4

9.-
a) 6|0
b) 2|4
c) 3|5
d) 0|0

10.-
a) 6|0
b) 6|6
c) 3|5
d) 5|0

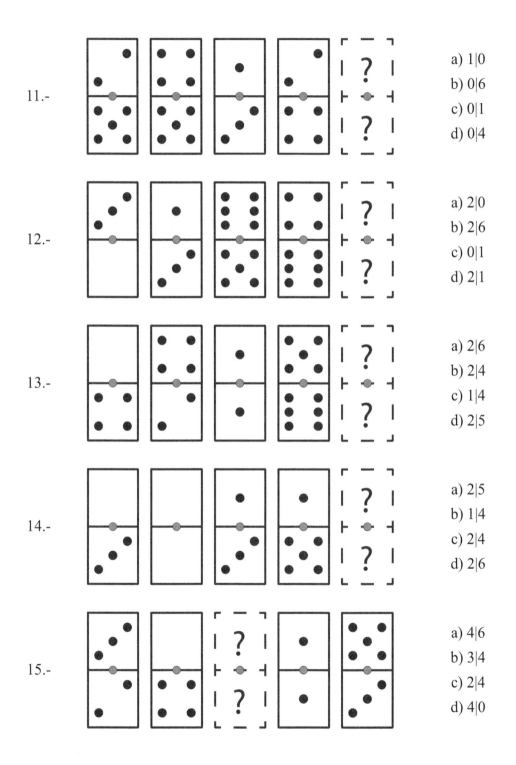

11.-
a) 1|0
b) 0|6
c) 0|1
d) 0|4

12.-
a) 2|0
b) 2|6
c) 0|1
d) 2|1

13.-
a) 2|6
b) 2|4
c) 1|4
d) 2|5

14.-
a) 2|5
b) 1|4
c) 2|4
d) 2|6

15.-
a) 4|6
b) 3|4
c) 2|4
d) 4|0

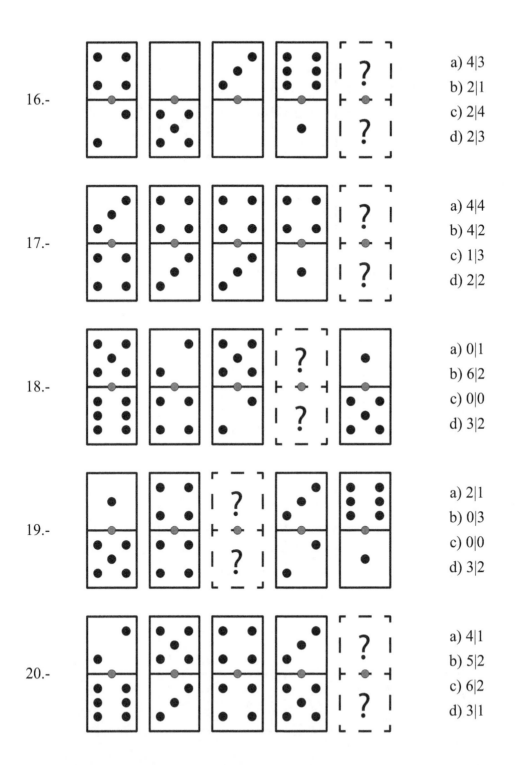

16.-
a) 4|3
b) 2|1
c) 2|4
d) 2|3

17.-
a) 4|4
b) 4|2
c) 1|3
d) 2|2

18.-
a) 0|1
b) 6|2
c) 0|0
d) 3|2

19.-
a) 2|1
b) 0|3
c) 0|0
d) 3|2

20.-
a) 4|1
b) 5|2
c) 6|2
d) 3|1

Dominós 2

 12 min

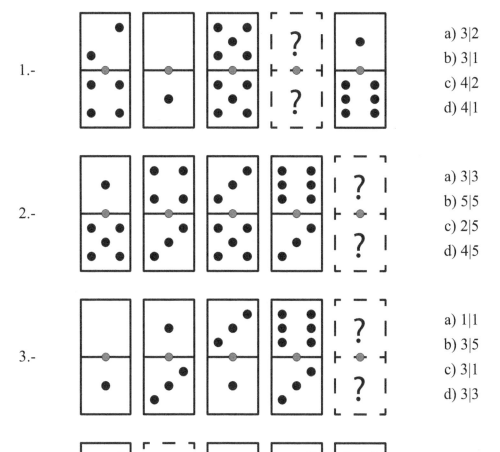

1.-
a) 3|2
b) 3|1
c) 4|2
d) 4|1

2.-
a) 3|3
b) 5|5
c) 2|5
d) 4|5

3.-
a) 1|1
b) 3|5
c) 3|1
d) 3|3

4.-
a) 6|5
b) 1|5
c) 5|4
d) 5|5

 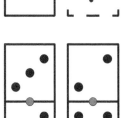 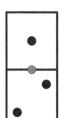 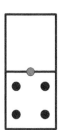 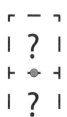

5.-
a) 6|5
b) 6|1
c) 5|2
d) 6|3

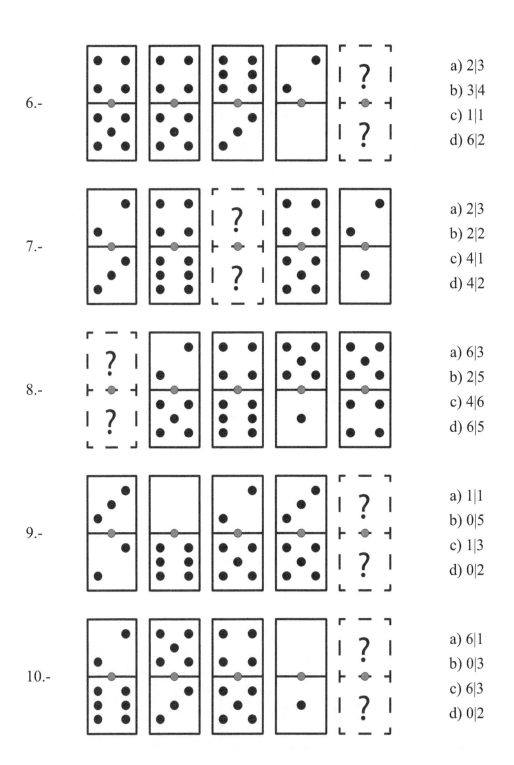

6.-
a) 2|3
b) 3|4
c) 1|1
d) 6|2

7.-
a) 2|3
b) 2|2
c) 4|1
d) 4|2

8.-
a) 6|3
b) 2|5
c) 4|6
d) 6|5

9.-
a) 1|1
b) 0|5
c) 1|3
d) 0|2

10.-
a) 6|1
b) 0|3
c) 6|3
d) 0|2

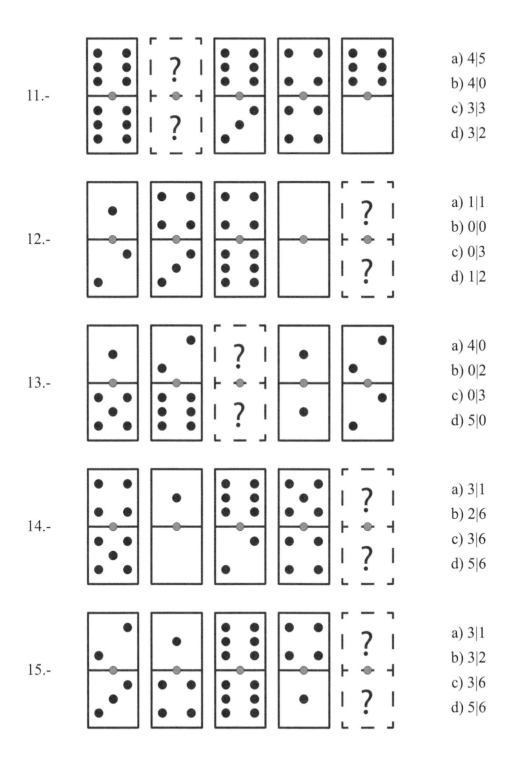

11.-

a) 4|5
b) 4|0
c) 3|3
d) 3|2

12.-

a) 1|1
b) 0|0
c) 0|3
d) 1|2

13.-

a) 4|0
b) 0|2
c) 0|3
d) 5|0

14.-

a) 3|1
b) 2|6
c) 3|6
d) 5|6

15.-

a) 3|1
b) 3|2
c) 3|6
d) 5|6

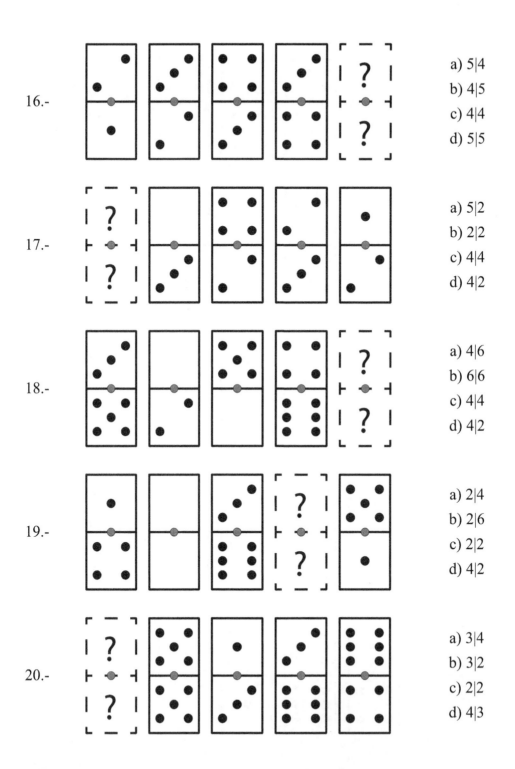

16.- a) 5|4
     b) 4|5
     c) 4|4
     d) 5|5

17.- a) 5|2
     b) 2|2
     c) 4|4
     d) 4|2

18.- a) 4|6
     b) 6|6
     c) 4|4
     d) 4|2

19.- a) 2|4
     b) 2|6
     c) 2|2
     d) 4|2

20.- a) 3|4
     b) 3|2
     c) 2|2
     d) 4|3

Razonamientos de números 1

 15 min

1.-

1	2	3
7	16	?

a) 26   b) 24   c) 22   d) 23

6.-

8	4	2
32	8	?

a) 2   b) 16   c) 64   d) 4

2.-

13	9	22
13	8	?

a) 21   b) 23   c) 22   d) 24

7.-

77	24	101
32	9	?

a) 43   b) 102   c) 103   d) 41

3.-

24	7	17
4	27	?

a) 13   b) 7   c) 23   d) 17

8.-

9	3	27
3	26	?

a) 9   b) 68   c) 78   d) 8

4.-

2	3	6
13	20	?

a) 260   b) 35   c) 33   d) 230

9.-

13	−23	36
13	43	?

a) 30   b) 40   c) 50   d) 20

5.-

1	4	81
256	49	?

a) 13   b) 20   c) 16   d) 82

10.-

77	12	65
15	38	?

a) 23   b) 22   c) 24   d) 21

11.-

13	14	27
23	44	?

a) 77   b) 57   c) 67   d) 87

16.-

120	140	15
13	61	?

a) 48   b) 16   c) 38   d) 28

12.-

12	34	10
56	78	?

a) 25   b) 23   c) 22   d) 26

17.-

9	1	9
10	2	?

a) 11   b) 20   c) 8   d) 12

13.-

8	4	2
8	16	?

a) 32   b) 34   c) 4   d) 2

18.-

28	7	4
72	36	?

a) 4   b) 18   c) 16   d) 2

14.-

3	2	0
40	39	?

a) –6   b) 38   c) 0   d) 36

19.-

56	32	24
13	45	?

a) 58   b) 34   c) 32   d) 56

15.-

2	–3	–6
13	7	?

a) 91   b) 121   c) 111   d) 81

20.-

–32	7	–25
42	8	?

a) 34   b) 59   c) 50   d) 60

Razonamientos de números 2

🕐 15 min

1.-

7	17	24
17	77	?

a) 107   b) 94   c) 117   d) 84

2.-

50	106	12
90	105	?

a) 11   b) 25   c) 41   d) 15

3.-

71	17	54
46	64	?

a) 27   b) 18   c) 45   d) 12

4.-

38	2	22
1	91	?

a) 11   b) 9   c) 44   d) 10

5.-

3	2	6
13	43	?

a) 519   b) 559   c) 529   d) 539

6.-

103	83	53
101	31	?

a) 1   b) 2   c) 11   d) –39

7.-

–3	2	4
7	11	?

a) 3   b) –4   c) 4   d) 18

8.-

51	29	22
65	39	?

a) 32   b) 22   c) 26   d) 36

9.-

–2	16	–8
8	–2	?

a) 16   b) –4   c) –16   d) 8

10.-

9	12	27
7	11	?

a) 16   b) 29   c) 14   d) 19

11.-

36	4	9
144	4	?

a) 9   b) 35   c) 37   d) 18

12.-

1	121	5
363	3	?

a) 7   b) 8   c) 15   d) 9

13.-

68	68	0
12	41	?

a) 2   b) 27   c) 3   d) 28

14.-

1	2	3
77	41	?

a) 108   b) 116   c) 106   d) 118

15.-

9	27	36
36	9	?

a) 35   b) 37   c) 45   d) 27

16.-

27	9	18
3	27	?

a) 18   b) 24   c) 12   d) 9

17.-

48	3	16
4	24	?

a) 6   b) 8   c) 32   d) 12

18.-

6	666	3
88	4	?

a) 4   b) 2   c) 3   d) 6

19.-

7	6	2
3	14	?

a) 12   b) 7   c) 6   d) 4

20.-

6	24	144
3	72	?

a) 223   b) 226   c) 216   d) 213

Incógnitas 1

🕐 12 min

1.-
$$\bullet + \bullet = 10$$
$$\bullet = ☑$$
$$🏠 = ☑$$

¿ 🏠 ?

a) 4   c) 6
b) 5   d) 2

2.-
$$☑ + ☑ = 🏠$$
$$\bullet + ✿ = 🏠$$
$$\bullet + ✿ = 12$$

¿ ☑ ?

a) 4   c) 6
b) 5   d) 7

3.-
$$♣ + ♥ + ♣ = 7$$
$$♣ + ♥ + ♣ + ♥ = 12$$

¿ ♥ ?

a) 7   c) 5
b) 6   d) 4

4.-
$$☑ + \bullet = 24$$
$$♥ = ✿ + ✿$$
$$♥ = ☑ + \bullet$$

¿ ✿ ?

a) 12   c) 8
b) 10   d) 6

5.-
$$\bullet + ☑ + 🏠 = ♣$$
$$\bullet + ☑ = 🏠$$
$$🏠 = 4$$

¿ ♣ ?

a) 6   c) 10
b) 8   d) 12

6.-
$$\bullet + \bullet = 10$$
$$\bullet = ☑$$
$$🏠 = ☑$$

¿ 🏠 ?

a) 4   c) 6
b) 5   d) 2

7.-
$$♠ + ♣ + ♥ = 32$$
$$♠ + ♣ = ♦$$
$$♥ = 25$$

¿ ♦ ?

a) 4   c) 6
b) 5   d) 7

8.-
$$⚡ = ✿ + ✿$$
$$⚡ + ⚡ = 10$$

¿ ✿ ?

a) 2   c) 2,5
b) 3   d) 4

9.-
$$\bullet + 16 = ✿ + ⚡$$
$$✿ + ⚡ = \bullet + 🏠$$

¿ 🏠 ?

a) 16   c) 20
b) 10   d) 14

10.-
$$✿ + 18 = \bullet$$
$$⚡ + ✿ = \bullet$$
$$✿ + 18 + ⚡ + ✿ = 30$$

¿ \bullet ?

a) 5   c) 20
b) 15   d) 25

11.-
$$\text{🏠} + \text{⚙} + \text{⚡} + \text{☑} = 23$$
$$\text{🏠} + \text{⚙} = \text{⚡} + \text{⚡}$$
$$\text{⚡} + \text{⚡} + \text{⚡} = 20$$

¿ ☑ ?

a) 3   c) 9
b) 6   d) 12

12.-
$$\text{🏠} + \text{⚙} + \text{⚡} = 28$$
$$\text{🏠} + \text{⚙} = \text{⚡}$$

¿ ⚡ ?

a) 7   c) 14
b) 12   d) 16

13.-
$$\text{♠} + \text{♦} + \text{♥} = 19$$
$$\text{♥} + \text{♥} + \text{♠} + \text{♦} + \text{♥} = 27$$

¿ ♥ ?

a) 2   c) 4
b) 3   d) 6

14.-
$$\text{🏠} + 9 = \text{🔥} + 9$$
$$\text{🏠} + \text{🔥} + \text{🏠} = 15$$

¿ 🏠 ?

a) 2   c) 4
b) 3   d) 5

15.-
$$\text{⚙} + \text{●} = 17$$
$$\text{●} = \text{⚙} + 13$$

¿ ⚙ ?

a) 2   c) 4
b) 3   d) 5

16.-
$$\text{♦} + \text{♠} + \text{♥} = 80$$
$$\text{♠} + \text{♥} = \text{♦}$$
$$\text{♦} = \text{♥}$$

¿ ♠ ?

a) 10   c) 20
b) 15   d) 0

17.-
$$\text{🏠} + \text{🏠} + \text{🔥} = \text{●}$$
$$\text{●} + \text{🏠} + \text{🏠} + \text{🔥} = \text{⚡}$$
$$\text{⚡} = 12$$

¿ ● ?

a) 6   c) 10
b) 8   d) 12

18.-
$$\text{🏠} = \text{●} + \text{●}$$
$$\text{●} + \text{🏠} = 27$$

¿ 🏠 ?

a) 3   c) 7
b) 5   d) 18

19.-
$$\text{●} + \text{⚙} = \text{🏠} + \text{🏠}$$
$$\text{●} + \text{⚙} + \text{🏠} = 36$$

¿ 🏠 ?

a) 8   c) 12
b) 16   d) 10

20.-
$$\text{♠} + \text{♦} = \text{♥}$$
$$\text{♥} + \text{♣} = \text{⚡} + 20$$
$$\text{♠} + \text{♦} + \text{♣} = 25$$

¿ ⚡ ?

a) 3   c) 6
b) 4   d) 5

Incógnitas 2

 12 min

1.-
🏠 + ⚙ = 🔥
🔥 + ⚫ = ⚡ + 2
🏠 + ⚙ + ⚫ = 7

¿⚡?

a) 5 b) 4 c) 3
d) 2 e) 1

2.-
🏠 + 🏠 = 4
🏠 = ☑
⚫ = ☑

¿⚫?

a) 5 b) 4 c) 3
d) 2 e) 1

3.-
♥ + ♦ = 5
♦ = ♥ + 1

¿♥?

a) 5 b) 4 c) 3
d) 2 e) 1

4.-
♠ + ♦ + ♥ = 7
♥ + ♥ + ♠ + ♦ + ♥ = 15

¿♥?

a) 5 b) 4 c) 3
d) 2 e) 1

5.-
⚙ + 2 = 🏠
⚙ + ⚫ = 🏠
⚙ + 2 + ⚫ + ⚙ = 10

¿🏠?

a) 5 b) 4 c) 3
d) 2 e) 1

6.-
🔥 + ⚫ + ⚙ = 8
⚫ + ⚙ = 🔥
⚫ = ⚙

¿⚫?

a) 5 b) 4 c) 3
d) 2 e) 1

7.-
☑ + ☑ + ⚙ = ⚡
☑ + ☑ + ⚡ + ⚙ = ⚫
⚫ = 8

¿⚡?

a) 5 b) 4 c) 3
d) 2 e) 1

8.-
☑ = ✏ + ✏
☑ + ✏ = 6

¿☑?

a) 5 b) 4 c) 3
d) 2 e) 1

9.-
♣ + ♥ + ♣ = 11
♣ + ♥ + ♣ + ♥ = 14

¿♥?

a) 5 b) 4 c) 3
d) 2 e) 1

10.-
🏠 + 1 = ⚡ + 1
🏠 + ⚡ + 🏠 = 6

¿🏠?

a) 5 b) 4 c) 3
d) 2 e) 1

185

11.- $✿ + ⊙ = 🏠 + 🏠$
    $✿ + ⊙ + 🏠 = 15$ ¿🏠?   a) 5 b) 4 c) 3 d) 2 e) 1

12.- $☑ + ✿ = 8$
    $🏠 = ⚡ + ⚡$
    $🏠 = ☑ + ✿$ ¿⚡?   a) 5 b) 4 c) 3 d) 2 e) 1

13.- $♦ + ♠ + ♥ + ♣ = 15$
    $♦ + ♠ = ♥ + ♥$
    $♥ + ♥ + ♥ = 12$ ¿♣?   a) 5 b) 4 c) 3 d) 2 e) 1

14.- $🏠 + ⊙ + ☑ = 6$
    $🏠 + ⊙ = ☑$ ¿☑?   a) 5 b) 4 c) 3 d) 2 e) 1

15.- $⚡ + 🏠 = ✿ + ⊙ + ⊙$
    $🏠 = ⚡$
    $✿ + ⊙ + ⊙ = 8$ ¿🏠?   a) 5 b) 4 c) 3 d) 2 e) 1

16.- $☑ + 5 = 🏠 + ✿$
    $🏠 + ✿ = ☑ + ⊙$ ¿⊙?   a) 5 b) 4 c) 3 d) 2 e) 1

17.- $♣ = ♠ + ♠$
    $♣ + ♣ = 4$ ¿♠?   a) 5 b) 4 c) 3 d) 2 e) 1

18.- $⚡ + ✿ + ☑ = 8$
    $⚡ + ✿ = ⊙$
    $☑ = 5$ ¿⊙?   a) 5 b) 4 c) 3 d) 2 e) 1

19.- $⊙ + ✿ + 🏠 = ⚡$
    $⊙ + ✿ = 🏠$
    $🏠 = 2$ ¿⚡?   a) 5 b) 4 c) 3 d) 2 e) 1

20.- $♣ + ♣ = ♥$
    $♠ + ♦ = ♥$
    $♠ + ♦ = 6$ ¿♣?   a) 5 b) 4 c) 3 d) 2 e) 1

Incógnitas 3

🕐 12 min

1.-
$$🏠 + ● = 4$$
$$⚡ + ⚡ = ☑$$
$$🏠 + ● = ☑$$
¿⚡?
a) 1 c) 3
b) 2 d) 4

2.-
$$☑ + 🏠 = ✿$$
$$☑ + 🏠 + 3 = 6$$
¿✿?
a) 1 c) 2
b) 4 d) 3

3.-
$$✿ + ☑ + 🏠 = 8$$
$$✿ = ☑ + 🏠$$
$$☑ = 🏠$$
¿☑?
a) 1 c) 3
b) 2 d) 4

4.-
$$✿ + ● = 6$$
$$✿ = ● + 2$$
¿●?
a) 4 c) 3
b) 1 d) 2

5.-
$$♠ + ♥ = ♠ + ♦$$
$$♠ + ♥ + ♦ = 9$$
¿♠?
a) 2 c) 4
b) 3 d) 6

6.-
$$🏠 + ✿ = ☑ + ● + ●$$
$$🏠 = ✿$$
$$☑ + ● + ● = 2$$
¿✿?
a) 4 c) 2
b) 3 d) 1

7.-
$$♣ + ♠ + ♣ = 9$$
$$♠ + ♣ = ♥$$
$$♠ = ♣$$
¿♠?
a) 5 c) 3
b) 4 d) 2

8.-
$$✿ + ● + 🔥 = 7$$
$$🔥 + 🔥 + ✿ + ● + 🔥 = 11$$
¿🔥?
a) 4 c) 6
b) 5 d) 2

9.-
$$● + ☑ = 🏠 + 🏠 + 1$$
$$🏠 + ☑ + ● = 7$$
¿🏠?
a) 2 c) 4
b) 3 d) 5

10.-
$$🔥 + ✏ = ●$$
$$🔥 + ✏ + 1 = 4$$
¿●?
a) 1 c) 3
b) 2 d) 4

11.-

$$\lightning + \varophi + \house = 6$$
$$\lightning + \varophi = \house$$

¿ $\house$?

a) 4   c) 2
b) 3   d) 1

12.-

$$\varophi + \house + \fire + \lightning = 13$$
$$\varophi + \house = \fire + \fire$$
$$\fire + \fire + \fire = 6$$

¿ $\lightning$?

a) 7   c) 5
b) 6   d) 4

13.-

$$\heart + \spade = \club$$
$$\heart + \spade + 3 = 6$$

¿ $\club$?

a) 3   c) 5
b) 4   d) 6

14.-

$$\spade = \club + \heart$$
$$\club = 4$$
$$\spade = 6$$

¿ $\heart$?

a) 1   c) 3
b) 2   d) 4

15.-

$$\house + \varophi = \circ + \fire + \fire$$
$$\house = \varophi$$
$$\fire + \circ + \fire = 4$$

¿ $\varophi$?

a) 4   c) 5
b) 2   d) 6

16.-

$$A + B = C$$
$$C + D = E$$
$$A + B + D = 4$$

¿ E ?

a) 3   c) 1
b) 2   d) 4

17.-

$$A + B + C + D = 16$$
$$A + B = C + C$$
$$C + C + C = 9$$

¿ D ?

a) 7   c) 5
b) 6   d) 4

18.-

$$\house + \checkbox + \circ = 5$$
$$\circ + \circ + \circ + \checkbox + \house = 9$$

¿ $\circ$?

a) 2   c) 6
b) 4   d) 5

19.-

$$\house + \circ + \checkbox = 8$$
$$\checkbox = \house + \circ$$

¿ $\checkbox$?

a) 2   c) 4
b) 3   d) 5

20.-

$$X + Y = Z$$
$$Z + D = A$$
$$D + X + Y = 8$$

¿ A ?

a) 4   c) 7
b) 5   d) 8

Análisis de información 1

Tabla de referencia

1. El agente de la C.I.A. tiene un lanzamisiles y no viene de Los Ángeles.
2. El participante de 30 años tiene una Mágnum.
3. El participante que se ha llevado el primer premio viene de España.
4. El agente del F.B.I. viene de Nueva York, no tiene un rifle de francotirador, pero es el mayor de los cuatro.
5. El agente de Asuntos Internos tiene cinco años menos que el anterior y tiene un rifle de francotirador.
6. El que ha quedado en 4º lugar tiene 25 años y viene de Miami, y el que ha quedado 3º lugar no es de la D.E.A. ni tiene 27 años.
7. El que ha quedado clasificado en 2º lugar, viene de Los Ángeles y no tiene 32 ni 27 años.
8. El que viene de Miami no es de la D.E.A.

Test

 15 min

1.- ¿Quién ha quedado clasificado en 2º lugar?

  a) F.B.I.   b) D.E.A.   c) Asuntos Internos   d) C.I.A.

2.- ¿Quién ha quedado clasificado en 3º lugar?

  a) F.B.I.   b) D.E.A.   c) Asuntos Internos   d) C.I.A.

3.- ¿Quién portaba la escopeta?

  a) F.B.I.   b) D.E.A.   c) Asuntos Internos   d) C.I.A.

4.- ¿Quién viene de Nueva York?

  a) F.B.I.   b) D.E.A.   c) Asuntos Internos   d) C.I.A.

5.- ¿Qué edad tiene el participante que viene de España?

  a) 32   b) 30   c) 27   d) 25

6.- ¿Qué arma porta el agente de la C.I.A.?

  a) Escopeta   b) Mágnum   c) Rifle de francotirador   d) Lanzamisiles

7.- ¿Quién porta el lanzamisiles?

  a) F.B.I.   b) D.E.A.   c) Asuntos Internos   d) C.I.A.

8.- ¿Quién tiene 27 años?

  a) F.B.I.   b) D.E.A.   c) Asuntos Internos   d) C.I.A.

9.- ¿Quién porta la Mágnum?

  a) F.B.I.   b) D.E.A.   c) Asuntos Internos   d) C.I.A.

10.- ¿Quién viene de Miami?

  a) F.B.I.   b) D.E.A.   c) Asuntos Internos   d) C.I.A.

11.- ¿Qué edad tiene el participante de la D.E.A.?

  a) 32   b) 30   c) 27   d) 25

12.- ¿De dónde es el agente con mayor edad?

  a) Nueva York   b) Los Ángeles   c) España   d) Miami

13.- ¿Qué arma lleva el participante que ha quedado en 3º lugar?

  a) Escopeta   b) Mágnum   c) Rifle de francotirador   d) Lanzamisiles

14.- ¿Cuál es el participante que ha quedado 4º?

  a) F.B.I.   b) D.E.A.   c) Asuntos Internos   d) C.I.A.

15.- ¿Cuál es el menor de todos los participantes?

  a) F.B.I.   b) D.E.A.   c) Asuntos Internos   d) C.I.A.

16.- ¿Qué arma porta el agente de Asuntos Internos?

  a) Escopeta   b) Mágnum   c) Rifle de francotirador   d) Lanzamisiles

17.- ¿De dónde viene el agente del FBI?

  a) Nueva York   b) Los Ángeles   c) España   d) Miami

18.- ¿Cuál es el mayor de todos los participantes?

  a) F.B.I.   b) D.E.A.   c) Asuntos Internos   d) C.I.A.

19.- ¿Cuál de los participantes porta una Mágnum y tiene 30 años?

  a) F.B.I.   b) D.E.A.   c) Asuntos Internos   d) C.I.A.

20.- ¿Qué agente viene de Los Ángeles?

  a) F.B.I.   b) D.E.A.   c) Asuntos Internos   d) C.I.A.

Análisis de información 2

Tabla de referencia

1. El limpiador asignado a la jaula de la jirafa no es Pedro.
2. José tiene 35 años y no está en el sector 1.
3. Antonio está en el sector 2 pero no limpia el acuario.
4. El limpiador de 40 años está en el sector 4.
5. Sara no limpia la jaula de la jirafa ni la del gorila.
6. El limpiador que limpia la jaula del León está en el sector 3.
7. El limpiador del sector 1 no tiene ni 25 ni 40 años.
8. El limpiador del sector 4 es Sara, pero no tiene 20 años.

Test

 15 min

1.- ¿Qué jaula limpia José?
  a) Jirafa   b) León   c) Gorila   d) Acuario

2.- ¿Qué jaula limpia Antonio?
  a) Jirafa   b) León   c) Gorila   d) Acuario

3.- ¿Qué jaula limpia Pedro?
  a) Jirafa   b) León   c) Gorila   d) Acuario

4.- ¿Cuál es el mayor de ellos?
  a) Pedro   b) Antonio   c) José   d) Sara

5.- ¿Cuál es el menor de ellos?
  a) Pedro   b) Antonio   c) José   d) Sara

6.- ¿Quién trabaja en el sector 3?
  a) Pedro   b) Antonio   c) José   d) Sara

7.- ¿Qué edad tiene Pedro?
  a) 20   b) 25   c) 35   d) 40

8.- ¿Quién trabaja en el sector 1?

   a) Pedro   b) Antonio   c) José   d) Sara

9.- ¿Quién tiene 40 años?

   a) Pedro   b) Antonio   c) José   d) Sara

10.- ¿Quién limpia el acuario?

   a) Pedro   b) Antonio   c) José   d) Sara

11.- ¿Quién trabaja en el sector 2?

   a) Pedro   b) Antonio   c) José   d) Sara

12.- ¿Quién es mayor, Antonio o Sara?

   a) Antonio   b) Sara   c) Tienen la misma edad

13.- ¿Quién es más joven, Sara o Pedro?

   a) Sara   b) Pedro   c) Tienen la misma edad

14.- ¿Quién trabaja en el sector 4?

   a) Pedro   b) Antonio   c) José   d) Sara

15.- ¿Quién tiene 35 años?

   a) Pedro   b) Antonio   c) José   d) Sara

16.- ¿Quién tiene 25 años?

   a) Pedro   b) Antonio   c) José   d) Sara

17.- ¿Quién limpia la jaula del gorila?

   a) Pedro   b) Antonio   c) José   d) Sara

18.- ¿Quién limpia la jaula del león?

   a) Pedro   b) Antonio   c) José   d) Sara

19.- ¿Cuál de los cuatro tiene menos de 22 años?

   a) Pedro   b) Antonio   c) José   d) Sara

20.- ¿Quién tiene más de 36 años?

   a) Pedro   b) Antonio   c) José   d) Sara

Análisis de información 3

Tabla de referencia

Parte 1:

1. El profesor que imparte clases de Lengua no se llama Silvio.
2. Sergio da clase a 2B, que no está en el primer piso.
3. Noel da clases en la segunda planta, pero no imparte Ciencias.
4. Los alumnos de 4D están en el cuarto piso.
5. Vicente no imparte ni Lengua ni Música.
6. El profesor que imparte Matemáticas está en el tercer piso.
7. Los alumnos del primer piso no son ni 3C ni 4D.
8. Los alumnos de la cuarta planta tienen clase con Vicente, pero no son de 1A.

Parte 2:

1. Adrián no es de Alicante y no está casado con Verónica.
2. El que está casado con Marina tiene 27 años, pero no se llama Saúl y su mascota no es un perro.
3. La mascota del de mayor edad es un pez y su dueño es de Santander.
4. Ramón el más joven de todos, no es de Valencia y no está casado con Sandra.
5. El que es de Sevilla tiene 4 años más que el más joven y no se llama ni Juan ni Carlos.
6. El de menor edad tiene 24 años.
7. Carlos no es de Alicante, no está casado con Marina y su mascota no es un perro.
8. La mascota de Juan no es ni un gato ni una tortuga.
9. Adrián no tiene 32 años y no tiene un pájaro de mascota, pero está casado con Sandra.
10. El que es de Málaga no se llama ni Ramón ni Saúl.
11. El que es de Santander tiene 39 años y está casado con Ester.
12. La mascota del de Valencia es una tortuga y está casado con Verónica.
13. El casado con Lola es el más joven.
14. Saúl es de Valencia y tiene 32 años.
15. La mascota de Adrián es un gato.

Test

 25 min

1.- El profesor que da clases a 1A se llama:

a) Silvio   b) Sergio   c) Noel   d) Vicente

2.- El de mayor edad está casado con:

a) Marina   b) Lola   c) Sandra   d) Ester   e) Verónica

3.- ¿A quién da clase Noel?

a) 1A   b) 2B   c) 3C   d) 4D

4.- ¿Quién da clase a 2B?

a) Silvio   b) Sergio   c) Noel   d) Vicente

5.- ¿De quién es el perro?

a) Ramón   b) Adrián   c) Juan   d) Carlos   e) Saúl

6.- ¿En qué planta da clase Silvio?

a) 1ª   b) 2ª   c) 3ª   d) 4ª

7.- ¿Dónde se imparte la clase de música?

a) 1ª planta   b) 2ª planta   c) 3ª planta   d) 4ª planta

8.- ¿De quién es el gato?

a) Ramón   b) Adrián   c) Juan   d) Carlos   e) Saúl

9.- ¿A qué clase imparte su asignatura Sergio?

a) 1A   b) 2B   c) 3C   d) 4D

10.- ¿Qué edad tiene Ramón?

a) 24   b) 28   c) 27   d) 39   e) 32

11.- ¿Quién imparte matemáticas?

a) Silvio   b) Sergio   c) Noel   d) Vicente

12.- ¿En qué planta da clase Vicente?

a) 1ª   b) 2ª   c) 3ª   d) 4ª

13.- ¿Con quién está casado Adrián?

a) Lola   b) Sandra   c) Marina   d) Ester   e) Verónica

14.- ¿A qué clase imparte su asignatura Vicente?

  a) 1A b) 2B c) 3C d) 4D

15.- ¿Quién imparte Ciencias?

  a) Silvio b) Sergio c) Noel d) Vicente

16.- ¿Cuántos años tiene Juan?

  a) 24 b) 28 c) 27 d) 39 e) 32

17.- ¿De dónde es Carlos?

  a) Alicante b) Sevilla c) Málaga d) Santander e) Valencia

18.- ¿Con quién está casado Saúl?

  a) Lola b) Sandra c) Marina d) Ester e) Verónica

19.- ¿Quién es de Valencia?

  a) Ramón b) Adrián c) Juan d) Carlos e) Saúl

20.- ¿Cuántos años tiene Saúl?

  a) 24 b) 28 c) 27 d) 39 e) 32

21.- ¿Con quién está casada Marina?

  a) Ramón b) Adrián c) Juan d) Carlos e) Saúl

22.- ¿Quién es de Málaga?

  a) Ramón b) Adrián c) Juan d) Carlos e) Saúl

23.- ¿De quién es el pez?

  a) Ramón b) Adrián c) Juan d) Carlos e) Saúl

24.- ¿De quién es la tortuga?

  a) Ramón b) Adrián c) Juan d) Carlos e) Saúl

25.- ¿Cuál de todos tiene 39 años?

  a) Ramón b) Adrián c) Juan d) Carlos e) Saúl

26.- ¿Quién está casado con Ester?

  a) Ramón b) Adrián c) Juan d) Carlos e) Saúl

27.- ¿Qué edad tiene el dueño del pájaro?

  a) 24 b) 28 c) 27 d) 39 e) 32

PSICOTÉCNICOS DE MEMORIA

ⓘ **Planos o mapas**: Memoriza el plano de cada test en un máximo de 5 minutos y descansa 25 minutos antes de empezar a responder las preguntas. Realiza el test sin consultar el plano.

ⓘ Planos o mapas 1 contiene un plano horizontal, puedes girar el libro para memorizarlo más fácilmente.

ⓘ **Textos**: Memoriza el texto de cada test en un máximo de 10 minutos y descansa 20 minutos antes de empezar a responder las preguntas. Realiza el test sin consultar el texto.

Planos o mapas 1

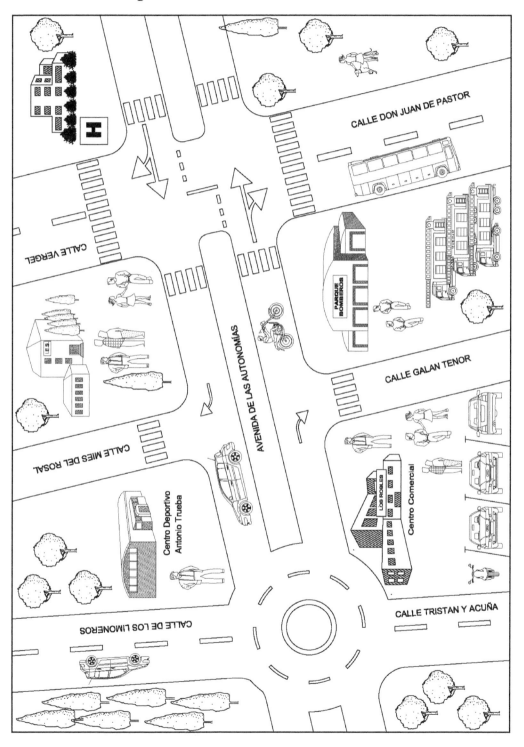

Test

🕐 15 min

1.- ¿Cuántos árboles hay en el plano?
  a) 24   b) 25   c) 26   d) 27

2.- Por la Avenida de las Autonomías circula:
  a) Un coche   c) Un autobús
  b) Una moto   d) Un coche y una moto

3.- El Hospital se encuentra a la derecha del:
  a) Centro Comercial   c) Centro Deportivo
  b) Parque de Bomberos   d) Instituto

4.- El número total de personas en el plano son:
  a) 12   b) 13   c) 14   d) 15

5.- Por la Calle de los Limoneros circula:
  a) Un coche
  b) Una moto
  c) Un autobús
  d) Ninguno de los anteriores

6.- ¿Cuántos coches hay aparcados en el Centro Comercial?
  a) 1   b) 2   c) 3   d) 4

7.- El Parque de Bomberos está situado en la calle:
  a) Calle de los Limoneros
  b) Calle Vergel
  c) Calle Galán Tenor
  d) Calle Tristán y Acuña

8.- El número de pinos que hay en el plano son:
  a) 12   b) 13   c) 14   d) 15

9.- La chica que está en la Calle Don Juan de Pastor está:
  a) Con su pareja   c) Paseando al perro
  b) Va sola   d) No hay ninguna chica

10.- ¿Cuántos coches descapotables podemos ver en el plano?

a) 1   b) 2   c) 3   d) Ninguno

11.- ¿Cuántos hombres hay en el plano?

a) 10   b) 11   c) 12   d) 13

12.- El número total de árboles sin ser pinos son:

a) 10   b) 11   c) 12   d) 13

13.- ¿De cuántas ventanas consta el Instituto?

a) 6   b) 7   c) 8   d) 9

14.- ¿Cuántos camiones de bomberos hay aparcados en el parque?

a) 1   b) 2   c) 3   d) 4

15.- La Avenida de las Autonomías es una avenida de circulación hacia:

a) La izquierda   c) La izquierda y la derecha

b) La derecha   d) El norte y el sur

16.- La Calle Mies del Rosal, es una calle:

a) Perpendicular a la Calle de los Limoneros

b) Perpendicular a la Calle Don Juan de Pastor

c) Perpendicular a la Calle Galán Tenor

d) Perpendicular a la Avenida de las Autonomías

17.- ¿En cuál de los medios de transporte podemos ver a sus ocupantes?

a) En el coche del Centro Comercial

b) En la moto de la Avenida de las Autonomías

c) En el camión de bomberos

d) En el autobús

18.- El Centro Comercial se encuentra situado:

a) Noreste   c) Sureste

b) Suroeste   d) Este

19.- ¿Cuántos pasos de cebra hay?:

a) 6   b) 7   c) 8   d) 9

20.- El autobús se dirige hacia:

a) El colegio   c) El Parque de Bomberos

b) El Hospital   d) Ninguno de los anteriores

21.- ¿Cuántas calles de 2 carriles hay en el plano?:

a) 1   b) 2   c) 3   d) 4

22.- ¿Cuántas señales de dirección aparecen dibujadas en el suelo?

a) 1   b) 2   c) 3   d) 4

23.- ¿Cuántos árboles hay en el Centro Comercial?

a) 1   b) 2   c) 3   d) Ninguno

24.- ¿De cuántos arbustos está rodeado el Hospital?

a) 4   b) 5   c) 6   d) Ninguno

25.- ¿Cuántos coches están aparcados de cara al Centro Comercial?

a) 1   b) 2   c) 3   d) Ninguno

26.- La Calle de los Limoneros está separada de la Calle Tristán y Acuña por:

a) Una mediana   c) Un paso de cebra

b) Una rotonda   d) Una señal en el suelo

27.- La moto circula por la:

a) Calle Vergel   c) Calle Don Juan de Pastor

b) Calle Galán Tenor   d) Avenida de las Autonomías

28.- ¿Cuántas mujeres hay en el plano?

a) 1   b) 0   c) 4   d) 5

29.- ¿Cuántas puertas tiene el Parque de Bomberos?

a) 3   b) 4   c) 5   d) 6

30.- ¿Cuántas motos podemos ver en el plano?

a) 1   b) 2   c) 3   d) Ninguna

Planos o mapas 2

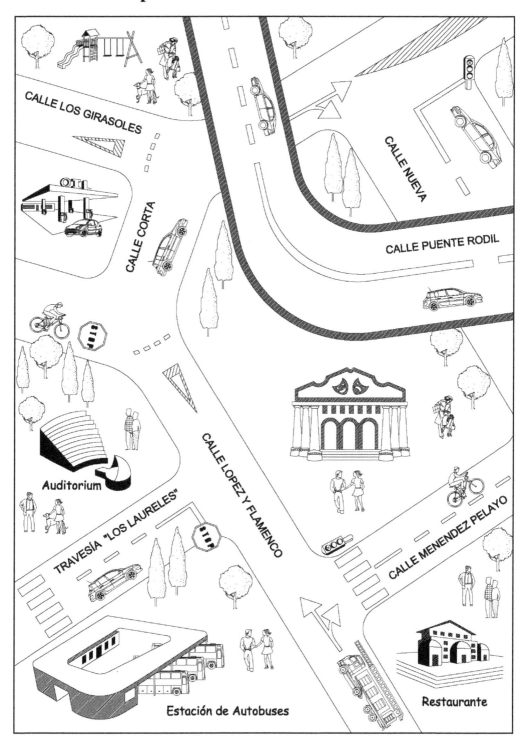

Test

🕐 15 min

1.- ¿Cuántos coches aparecen en el plano?

  a) 3   b) 4   c) 5   d) 6

2.- En Travesía "Los Laureles" hay una señal de:

  a) Stop   c) Un semáforo

  b) Un ceda el paso   d) No hay ninguna señal

3.- ¿Cuántas bicicletas aparecen en el plano?

  a) 1   b) 2   c) 3   d) 4

4.- ¿Cuántos autobuses aparecen aparcados en la Estación de Autobuses?

  a) 1   b) 2   c) 3   d) 4

5.- En Puente Rodil circula:

  a) Un coche hacia la derecha   c) Dos coches en la misma dirección

  b) Un coche hacia la izquierda   d) Dos coches en direcciones opuestas

6.- ¿Cuántos pinos hay en el plano?

  a) 8   b) 9   c) 10   d) 11

7.- ¿De cuántas columnas consta el teatro?

  a) 4   b) 5   c) 6   d) 7

8.- Por la Calle Menéndez Pelayo circula:

  a) Una moto   c) Un coche

  b) Una bicicleta   d) Una grúa

9.- La Calle López y Flamenco es perpendicular con:

  a) Calle Corta   c) Calle Los Girasoles

  b) Calle Menéndez Pelayo   d) Calle Nueva

10.- ¿Cuántos árboles hay que no sean pinos?

  a) 7   b) 8   c) 9   d) 10

11.- ¿Cuántas personas hay en el Auditórium?

a) 1   b) 2   ) 3   d) 4

12.- En la Calle de Los Girasoles hay:

a) Un parque

b) Un Auditórium

c) La Estación de Autobuses

d) Un Restaurante

13.- ¿Por qué calle circula la grúa?

a) Calle Corta

b) Calle Nueva

c) Calle Menéndez Pelayo

d) Calle López y Flamenco

14.- La Gasolinera se encuentra en:

a) Calle Nueva

b) Calle Corta

c) Travesía Los Laureles

d) Calle López y Flamenco

15.- En los alrededores del restaurante hay:

a) Tres personas

b) Dos árboles

c) Una bicicleta

d) Un coche

16.- ¿Cuántas personas hay en la Estación de Autobuses?

a) 1   b) 2   c) 3   d) No hay nadie

17.- ¿Cuántas señales de dirección se encuentran dibujadas en el suelo?

a) 1   b) 2   c) 3   d) 4

18.- La chica que aparece en la Estación de Autobuses está:

a) Sola   b) Con una niña   c) Con su pareja   d) Con un perro

19.- La Calle López y Flamenco es paralela a:

a) Calle Nueva   c) Travesía "Los Laureles"

b) Calle Corta   d) Calle Menéndez Pelayo

20.- ¿Cuántos semáforos aparecen en el plano?

a) 1   b) 2   c) 3   d) Ninguno

21.- El Auditórium está situado en:

a) Calle Menéndez Pelayo

b) Travesía "Los Laureles"

c) Calle Corta

d) Calle Los Girasoles

22.- ¿Cuántos vehículos a motor hay en el plano?

a) 8   b) 9   c) 10   d) 11

23.- El parque se encuentra situado en la parte ………..… del plano:

a) Superior

b) Inferior

c) Central

d) Derecha

24.- A la derecha de la Estación de Autobuses está:

a) El Auditórium

b) El teatro

c) La gasolinera

d) El restaurante

Planos o mapas 3

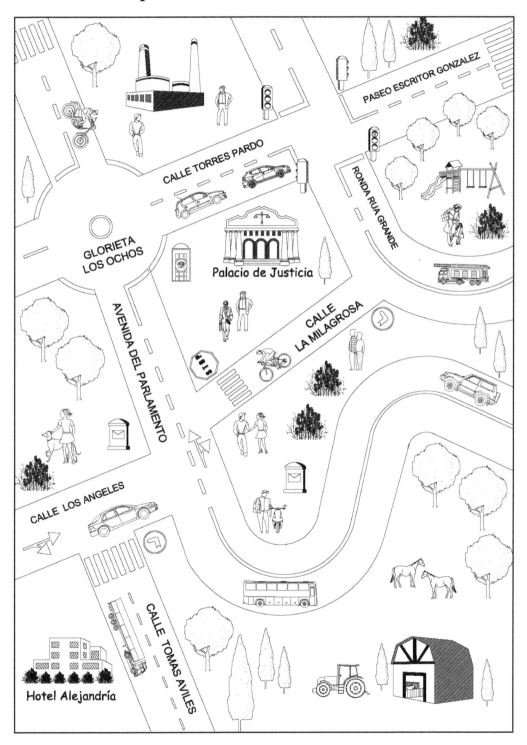

Test

🕐 15 min

1.- ¿Cuántos semáforos hay en el plano?
  a) 1   b) 2   c) 3   d) 4

2.- ¿Cuántas personas hay en el plano?
  a) 11   b) 12   c) 13   d) 14

3.- ¿Cuántos pinos aparecen?
  a) 9   b) 10   c) 11   d) 12

4.- La Calle Tomás Avilés es perpendicular a:
  a) Calle Los Ángeles
  b) Avenida del Parlamento
  c) Ronda Rúa Grande
  d) Ninguna de las anteriores

5.- ¿Cuántos animales aparecen en el plano, sin contar el que se encuentra en el interior del granero?
  a) 2   b) 3   c) 4   d) 5

6.- Por la Calle Torres Pardo circula:
  a) Una moto   c) Dos coches
  b) Una Bici   d) Un autobús

7.- En el Palacio de Justicia hay:
  a) Dos árboles   c) Un ceda el paso
  b) Una cabina   d) Ninguna de las anteriores

8.- ¿Cuántos vehículos a motor aparecen en el plano?
  a) 9   b) 10   c) 11   d) 12

9.- ¿Cuántos árboles que no sean pinos hay en la granja?
  a) 4   b) 5   c) 6   d) 7

10.- La bicicleta circula por:

a) Calle Torres Pardo   c) Calle La Milagrosa

b) Calle Los Ángeles   d) Paseo Escritos González

11.- La Glorieta del plano se llama:

a) Los Mochos   c) Los Ochos

b) Los Tochos   d) Los Pochos

12.- En el parque hay:

a) Una pareja   c) Una madre con una hija

b) Una chica con un perro   d) Un hombre

13.- ¿Cuántos pasos de cebra hay en el plano?

a) 1   b) 2   c) 3   d) 4

14.- ¿Cuántos caballos aparecen en la granja?

a) 1   b) 2   c) 3   d) 4

15.- En el Hotel Alejandría hay:

a) Una persona   c) Un semáforo

b) Un árbol   d) Ninguna de las anteriores

16.- ¿Cuántos buzones aparecen en el plano?

a) 1   b) 2   c) 3   d) Ninguno

17.- ¿Cuántos setos hay alrededor del Hotel?

a) 4   b) 5   c) 6   d) 7

18.- La moto del plano se dirige hacia:

a) La Glorieta de los Ocho

b) Calle Torres Pardo

c) Avenida del Parlamento

d) Ronda Rúa Grande

19.- En el semáforo de la Ronda Rúa Grande hay:

a) Un paso de cebra

c) Un parque

b) Una señal de dirección en el suelo

d) Un coche

20.- El Stop que aparece en el plano se encuentra al lado de:

a) El Palacio de Justicia

c) El parque

b) El Hotel Alejandría

d) La granja

21.- Por el Paseo Escritor González circula:

a) Una moto

c) Una grúa

b) Un coche

d) Ninguna de las anteriores

22.- Las ventanas del Hotel son:

a) Lisas

b) Rayadas

c) Negras

d) Redondas

23.- El número de mujeres que hay en el plano es:

a) 1

b) 2

c) 3

d) 4

24.- El camión va en dirección:

a) Norte

b) Sur

c) Este

d) Oeste

25.- Los caballos están mirando hacia:

a) La derecha

b) La izquierda

c) Uno a la derecha y otro a la izquierda

d) Hacia arriba

26.- En la Avenida del Parlamento hay:

a) Un semáforo

c) Una moto

b) Una señal en el suelo

d) Una grúa

27.- ¿Cuántas chicas hay paseando al perro?

a) 1

b) 2

c) 3

d) Ninguna

28.- ¿Cuántas salidas tiene la Glorieta de los Ocho?

a) 2

b) 3

c) 4

d) 5

Planos o mapas 4

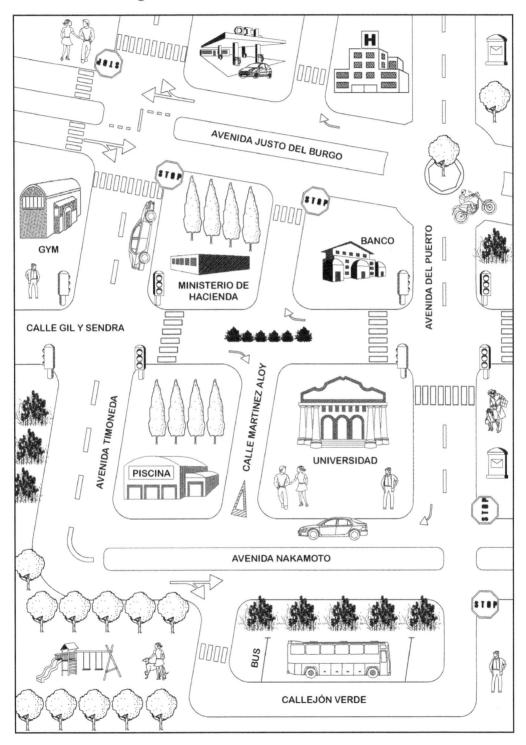

Test

 15 min

1.- ¿Cuántos semáforos hay en el plano?
   a) 6   b) 7   c) 8   d) 10

2.- ¿Cuántas personas hay en el plano?
   a) 11   b) 12   c) 13   d) 14

3.- ¿Cuántos árboles hay en el plano?
   a) 8   b) 13   c) 22   d) 21

4.- La Calle Timoneda es perpendicular a:
   a) Calle Martínez Aloy
   b) Avenida del Puerto
   c) Calle Gil y Sendra
   d) Callejón Verde

5.- ¿Cuántos animales aparecen en el plano?
   a) 0   b) 1   c) 2   d) 3

6.- Por la Avenida Nakamoto circula:
   a) Una moto   c) Un autobús
   b) Un coche   d) Dos coches

7.- En el Ministerio de Hacienda hay:
   a) Dos árboles   c) Dos árboles y una persona
   b) Cuatro árboles   d) Tres personas

8.- ¿Cuántos vehículos a motor aparecen en el plano?
   a) 5   b) 6   c) 4   d) 3

9.- ¿Cuántos árboles hay en la piscina?
   a) 4   b) 5   c) 3   d) 6

10.- Indica la más correcta. La Motocicleta circula por:
   a) La rotonda   c) Avenida Justo del Burgo
   b) La Avenida del Puerto   d) Avenida Nakamoto

11.- ¿Desde qué pasos de cebra se puede acceder al banco?

a) Desde la universidad y la piscina

b) Desde el Ministerio de Hacienda y el hospital

c) Desde la gasolinera y la piscina

d) Desde el Ministerio de Hacienda y la universidad

12.- En el parque hay:

a) Una pareja

b) Una chica con un perro

c) Una madre con una hija

d) Un hombre

13.- ¿Cuántos pasos de peatones hay en el plano?

a) 9   b) 10   c) 11   d) 12

14.- ¿Cuántas señales de stop hay en el plano?

a) 2   b) 3   c) 4   d) 5

15.- ¿Cuántos arbustos hay en la parada de autobús?

a) 3   b) 4   c) 5   d) Ninguna de las anteriores

16.- ¿Cuántos buzones aparecen en el plano?

a) 1   b) 2   c) 3   d) Ninguno

17.- ¿Dónde se encuentra el Ministerio de Hacienda?

a) En la Avenida del Puerto

b) En la Avenida Nakamoto

c) En el Callejón Verde

d) En la Calle Gil y Sendra

18.- El banco tiene:

a) 9 ventanas y 3 puertas

b) 11 ventanas y 3 puertas

c) 11 ventanas y 2 puertas

d) 9 ventanas y 2 puertas

19.- El hospital se encuentra:

a) En el norte

b) En el sur

c) En el este

d) En el oeste

20.- El Gimnasio se encuentra:

a) En el norte   c) En el este

b) En el sur   d) En el oeste

21.- Para ir andando del gimnasio a la piscina, primero pasarías por:

a) La universidad

b) El Ministerio de Hacienda

c) El banco

d) Ninguna de las anteriores

22.- Para ir caminando del gimnasio al hospital primero pasarías:

a) El Ministerio de Hacienda

b) El banco

c) La universidad

d) Ninguna de las anteriores

23.- El número de mujeres que hay en el plano es:

a) 1   b) 2   c) 3   d) 4

24.- Qué no hay en el plano:

a) Un banco

b) Un ceda el paso

c) Una universidad

d) Un hotel

Textos 1

El diario de Jonathan Harker

En Bistritz, a fecha del tres de mayo. Salí de Münich a las 8:35 de la noche del primero de mayo, llegué a Viena a la mañana siguiente, temprano; debí haber llegado a las seis cuarenta y seis; el tren llevaba una hora de retraso. Budapest parece un lugar maravilloso, a juzgar por lo poco que pude ver de ella desde el tren y por la pequeña caminata que di por sus calles. Temí alejarme mucho de la estación, ya que, como habíamos llegado tarde, saldríamos lo más cerca posible de la hora fijada. La impresión que tuve fue que estábamos saliendo del oeste y entrando al este. Por el más occidental de los espléndidos puentes sobre el Danubio, que aquí es de gran anchura y profundidad, llegamos a los lugares en otro tiempo sujetos al dominio de los turcos.

Salimos con bastante buen tiempo, y era noche cerrada cuando llegamos a Klausenburg, donde pasé la noche en el hotel Royale. En la comida, o mejor dicho, en la cena, comí pollo preparado con pimentón rojo, que estaba muy sabroso, pero que me dio mucha sed. (Recordar obtener la receta para Mina). Le pregunté al camarero y me dijo que se llamaba "*paprika hendl*", y que, como era un plato nacional, me sería muy fácil obtenerlo en cualquier lugar de los Cárpatos. Descubrí que mis escasos conocimientos del alemán me servían allí de mucho; de hecho, no sé cómo me las habría arreglado sin ellos.

Como dispuse de algún tiempo libre cuando estuve en Londres, visité el *British Museum* y estudié los libros y mapas de la biblioteca que se referían a Transilvania; se me había ocurrido que un previo conocimiento del país siempre sería de utilidad e importancia para tratar con un noble de la región. Descubrí que el distrito que él me había mencionado se encontraba en el extremo oriental del país, justamente en la frontera de tres estados: Transilvania, Moldavia y Bucovina, en el centro de los montes Cárpatos; una de las partes más salvajes y menos conocidas de Europa. No pude descubrir ningún mapa ni obra que arrojara luz sobre la exacta localización del castillo de Drácula, pues no hay mapas en este país que se puedan comparar en exactitud con los nuestros; pero descubrí que Bistritz, el pueblo de posta mencionado por el conde Drácula, era un lugar bastante conocido. Voy a incluir aquí algunas de mis notas, pues pueden refrescarme la memoria cuando le relate mis viajes a Mina.

Drácula, Bram Stoker (extracto adaptado)

Test

 15 min

1.- ¿Dónde se encuentra Jonathan al comenzar su escrito?

  a) Bistritz   b) Bestritz   c) Münchin   d) Münich

2.- ¿Qué visitó en Londres?

  a) El puente Tower Bridge   c) El British Museum

  b) El Palacio de Buckingham   d) Westminster Abbey

3.- ¿En qué hotel pasó una noche?

  a) Paprika Hotel   c) Klausenburg Hotel

  b) Hotel Royale   d) Hotel Cárpatos

4.- ¿Desde donde salió inicialmente?

  a) Münich   b) Bistritz   c) Münchin   d) Bestritz

5.- ¿Entre qué parte del país se encuentra el distrito mencionado por el conde?

  a) Oriental   b) Meridional   c) Septentrional   d) Occidental

6.- ¿Dónde se encuentra el hotel donde hace noche?

  a) Bistritz   b) Bucovina   c) Paprika   d) Klausenburg

7.- Estudió los libros y mapas referidos a…

  a) Moldavia   b) Cárpatos   c) Bucovina   d) Transilvania

8.- ¿Cuál le parece un lugar maravilloso?

  a) Budapest   b) Münich   c) Bucovina   d) Bestritz

9.- ¿Qué ingredientes lleva el plato nacional que cena en el hotel?

  a) Pollo y pimentón rojo   c) Pavo y pimentón rojo

  b) Pavo y pimienta negra   d) Pollo y pimienta negra

10.- ¿Entre qué estados se encontraba el distrito mencionado por el conde?

  a) Transilvania, Cárpatos y Bucovina   c) Transilvania, Moldavia y Bucovina

  b) Transilvania, Moldavia y Cárpatos   d) Transilvania, Klausenburg y Bucovina

11.- ¿A qué hora debía haber llegado el tren a Viena?

  a) A las siete cuarenta y seis   c) A las 7:46

  b) A las 6:46   d) A las 8:46

12.- ¿Cómo se llama el plato que cena en el hotel?

  a) Paprika hendl   c) Paprika royale

  b) Chiken hendl   d) Huhn royale

13.- ¿Cómo se llaman los montes referenciados?

  a) Klausenburg   b) Cárpatos   c) Balcanes   d) Pirineos

14.- ¿En qué fecha comienza Jonathan su escrito?

  a) seis de mayo   b) 3 de mayo   c) 5 de marzo   d) tres de marzo

15.- ¿Sobre qué río se levanta el puente que cruza?

  a) Volga   b) Bistritz   c) Cárpatos   d) Danubio

16.- ¿De qué idioma tenía Jonathan escasos conocimientos?

  a) Moldavo   b) Turco   c) Griego   d) Alemán

17.- ¿Cómo se llama la mujer a quién le relatará sus vivencias?

  a) Johana   b) Mina   c) Milly   d) Anna

18.- ¿De qué no pudo saber la localización exacta?

  a) La posada Cárpatos   c) El pueblo Bistritz

  b) El castillo de Drácula   d) La biblioteca de Transilvania

19.- ¿A qué hora salió inicialmente?

  a) A las 20:25   c) A las 8:35 de la noche

  b) A las 8:25 de la noche   d) A las 8:35

20.- ¿Cómo se llama el conde?

  a) Klausenburg   b) Transilvania   c) Drácula   d) Stoker

Textos 2

La llegada a West Egg

Mi familia ha sido gente prominente y acomodada en esta ciudad del Medio Oeste durante tres generaciones. Los Carraway son una especie de clan, y tenemos la tradición de que descendemos de los duques de Buccleuch, pero el verdadero fundador de mi línea fue el hermano de mi abuelo, que llegó aquí en 1851, envió a un sustituto a la Guerra Civil y puso en marcha el negocio de ferretería al por mayor que mi padre lleva hoy en día.

Nunca vi a este tío abuelo, pero se supone que me parezco a él –con especial referencia a la pintura bastante dura que cuelga en la oficina de mi padre. Me gradué en New Haven en 1915, justo un cuarto de siglo después de mi padre, y poco después participé en esa migración teutona tardía conocida como la Gran Guerra. Disfruté tanto de la contraofensiva que regresé inquieto. En lugar de ser el cálido centro del mundo, el Medio Oeste parecía ahora el borde desgarrado del universo, así que decidí ir al Este y aprender el negocio de los bonos. Todo el mundo que conocía estaba en el negocio de los bonos, así que supuse que se podría mantener a un hombre soltero más. Mis siete tíos y tías lo discutieron como si estuvieran eligiendo una escuela de preparación para mí, y finalmente dijeron lentamente: "Por… Que… Sí", con caras muy serias y vacilantes. Mi padre accedió a financiarme durante un año y, tras varios retrasos, llegué al Este, de forma permanente, pensé, en la primavera de 1922.

Lo práctico era encontrar habitaciones en la ciudad, pero era una estación cálida, y yo acababa de dejar un lugar de amplias zonas de césped y árboles acogedores, así que cuando un joven de la oficina sugirió que alquiláramos juntos una casa en una ciudad de paso, me pareció una gran idea. Encontró la casa, un bungalow de madera desgastada a 80 dólares al mes, pero en el último momento la empresa le ordenó que se fuera a Washington, y yo me fui al campo solo. Tenía un perro –al menos lo tuve durante unos días, hasta que se escapó–, un viejo Dodge y una mujer finlandesa, que me hacía la cama, cocinaba el desayuno y murmuraba sabiduría finlandesa para sí misma sobre la cocina eléctrica.

Estuve solo durante más o menos tres días hasta que una mañana un hombre, más recién llegado que yo, me paró en la carretera.

El Gran Gatsby, F. Scott Fitzgerald (extracto adaptado)

Test

 15 min

1.- ¿Cuándo llegó al Este el protagonista?
  a) Primavera de 1915   c) Verano de 1922
  b) Primavera de 1922   d) Verano de 1915

2.- ¿Qué negocio decidió aprender?
  a) Los bonos   b) La ferretería   c) El arte   d) Las acciones

3.- ¿Dónde se graduó el protagonista?
  a) New West   b) New Haven   c) New Est   d) Washington Haven

4.- ¿Qué tipo de alojamiento encontraron para alquilar?
  a) Un bungalow   c) Una cabaña de madera desgastada
  b) Un piso en la ciudad   d) Una habitación en un piso de la ciudad

5.- ¿A dónde se marchó quién iba a compartir alquiler con el protagonista?
  a) A Virginia   b) A West Egg   c) A New Haven   d) A Washington

6.- ¿Cómo se llama el "clan" del protagonista?
  a) Los Buchleucc   c) Los Buccleuch
  b) Los Gatsby   d) Los Carraway

7.- ¿Qué tenía el lugar que acababa de dejar?
  a) Pocas zonas de césped, pero árboles frondosos
  b) Amplias zonas de césped, pero escasos árboles
  c) Amplias zonas de césped y arboladas
  d) Amplias zonas de césped y árboles acogedores

8.- ¿Qué tipo de negocio tiene el padre del protagonista?
  a) Arte   b) Ferretería   c) Financiero   d) Carruajes

9.- ¿Cómo llama a la Gran Guerra?
  a) Migración teutona tardía   c) Migración teutónica tardía
  b) Emigración teutónica tardía   d) Emigración teutona tardía

10.- ¿Cuándo llegó al Medio Oeste el abuelo?

a) 1822   b) 1815   c) 1851   d) 1852

11.- ¿A qué familiar se parece el protagonista?

a) A su abuelo   c) A su padre

b) A su tío abuelo   d) A su tatarabuelo

12.- ¿En qué fecha se graduó el protagonista?

a) 1981   b) 1951   c) 1922   d) 1915

13.- ¿De qué nacionalidad era la mujer que convivía con él?

a) Islandesa   b) Noruega   c) Finlandesa   d) Alemana

14.- ¿Cuántos tíos y tías discutieron un asunto?

a) Cinco   b) Cuatro   c) Seis   d) Siete

15.- ¿A cuánto ascendía el alquiler del alojamiento?

a) 80 dólares   b) 90 dólares   c) 60 dólares   d) 50 dólares

16.- ¿Qué coche tenía el protagonista?

a) Un Dodge   b) Cadillac   c) Mustang   d) Ford

17.- ¿Cuántos días estuvo solo?

a) 2   b) 4   c) 3   d) 5

18.- ¿De quiénes desciende el "clan" del protagonista?

a) Los duques de Buchleucc   c) Los duques de Buccleuch

b) Los duques de Luchbeucc   d) Los duques de Luccbeuch

19.- ¿Sobre qué murmuraba la mujer que convivía con él?

a) La cocina eléctrica   c) La cocina de gas

b) La estufa de gas   d) La estufa eléctrica

20.- ¿Durante cuánto tiempo lo financiaría el padre?

a) 2 meses   b) 2 años   c) 1 mes   d) 1 año

PSICOTÉCNICOS ESPACIALES

Giros: Según se pregunte, elige la opción que, al margen de su rotación, contenga una imagen coincidente con la inicial o su inversa (el reflejo).

Cubos: Averigua de entre las respuestas la que puede formarse a partir del cubo desplegado. Puede haber más de una respuesta correcta.

Giros 1

 8 min

1.- ¿Qué opción coincide con la inversa de la inicial?

	a)	b)	c)	d)

2.- ¿Qué opción coincide con la inversa de la inicial?

	a)	b)	c)	d)

   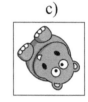

3.- ¿Qué opción coincide con la inicial?

	a)	b)	c)	d)

 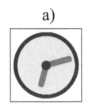 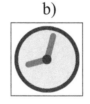 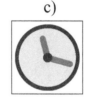

4.- ¿Qué opción coincide con la inicial?

	a)	b)	c)	d)

  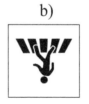 

5.- ¿Qué opción coincide con la inicial?

	a)	b)	c)	d)

 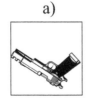 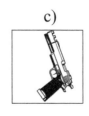 

6.- ¿Qué opción coincide con la inicial?

a)   b)   c)   d)

 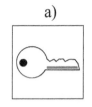 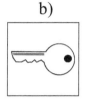 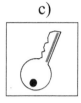 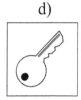

7.- ¿Qué opción coincide con la inversa de la inicial?

a)   b)   c)   d)

 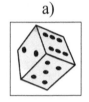 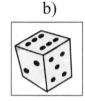 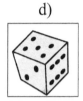

8.- ¿Qué opción coincide con la inicial?

a)   b)   c)   d)

  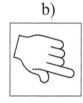 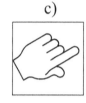 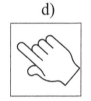

9.- ¿Qué opción coincide con la inicial?

a)   b)   c)   d)

 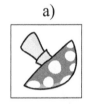 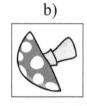 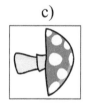 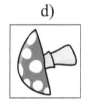

10.- ¿Qué opción coincide con la inversa de la inicial?

a)   b)   c)   d)

 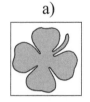 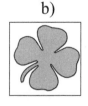 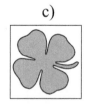 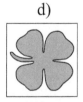

11.- ¿Qué opción coincide con la inicial?

a)   b)   c)   d)

   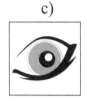 

12.- ¿Qué opción coincide con la inicial?

a)   b)   c)   d)

 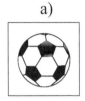 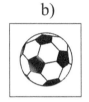 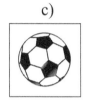

13.- ¿Qué opción coincide con la inversa de la inicial?

a)   b)   c)   d)

 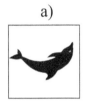  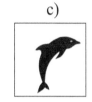

14.- ¿Qué opción coincide con la inicial?

a)   b)   c)   d)

 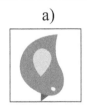 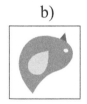 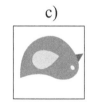

15.- ¿Qué opción coincide con la inicial?

a)   b)   c)   d)

  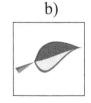 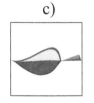 

16.- ¿Qué opción coincide con la inicial?

a) b) c) d)

 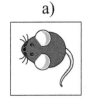  

17.- ¿Qué opción coincide con la inicial?

a) b) c) d)

 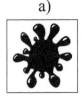 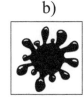

18.- ¿Qué opción coincide con la inversa de la inicial?

a) b) c) d)

 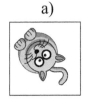

19.- ¿Qué opción coincide con la inversa de la inicial?

a) b) c) d)

  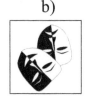 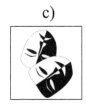

20.- ¿Qué opción coincide con la inicial?

a) b) c) d)

 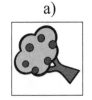 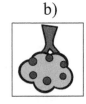 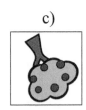 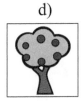

Giros 2

 8 min

1.- ¿Qué opción coincide con la inversa de la inicial?

| | a) | b) | c) | d) |

2.- ¿Qué opción coincide con la inicial?

| | a) | b) | c) | d) |

  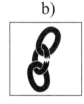 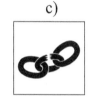

3.- ¿Qué opción coincide con la inversa de la inicial?

| | a) | b) | c) | d) |

   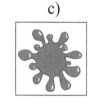 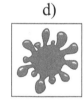

4.- ¿Qué opción coincide con la inicial?

| | a) | b) | c) | d) |

  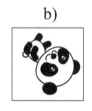  

5.- ¿Qué opción coincide con la inversa de la inicial?

| | a) | b) | c) | d) |

6.- ¿Qué opción coincide con la inicial?

a)   b)   c)   d)

   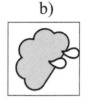 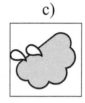 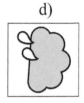

7.- ¿Qué opción coincide con la inversa de la inicial?

a)   b)   c)   d)

  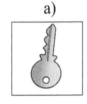

8.- ¿Qué opción coincide con la inicial?

a)   b)   c)   d)

    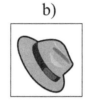 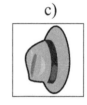 

9.- ¿Qué opción coincide con la inicial?

a)   b)   c)   d)

  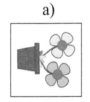 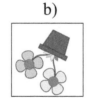 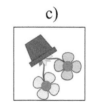 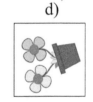

10.- ¿Qué opción coincide con la inversa de la inicial?

a)   b)   c)   d)

      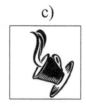 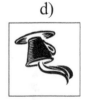

11.- ¿Qué opción coincide con la inversa de la inicial?

a)   b)   c)   d)

 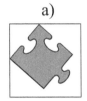 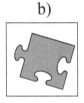 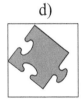

12.- ¿Qué opción coincide con la inicial?

a)   b)   c)   d)

 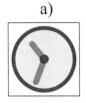 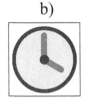  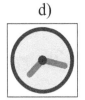

13.- ¿Qué opción coincide con la inversa de la inicial?

a)   b)   c)   d)

 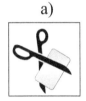 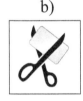 

14.- ¿Qué opción coincide con la inicial?

a)   b)   c)   d)

  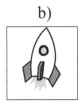 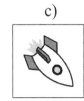

15.- ¿Qué opción coincide con la inversa de la inicial?

a)   b)   c)   d)

  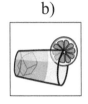 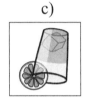

16.- ¿Qué opción coincide con la inversa de la inicial?

	a)	b)	c)	d)

17.- ¿Qué opción coincide con la inversa de la inicial?

	a)	b)	c)	d)

18.- ¿Qué opción coincide con la inversa de la inicial?

	a)	b)	c)	d)

   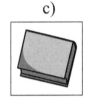 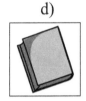

19.- ¿Qué opción coincide con la inicial?

	a)	b)	c)	d)

 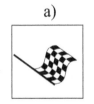 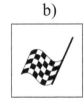 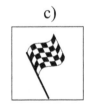

20.- ¿Qué opción coincide con la inversa de la inicial?

	a)	b)	c)	d)

  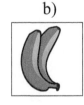 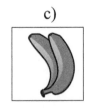 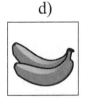

Cubos 1

 10 min

1.-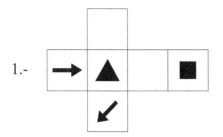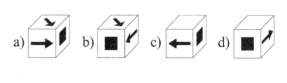

2.-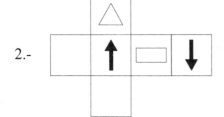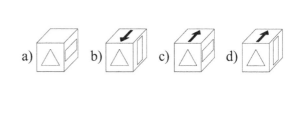

3.-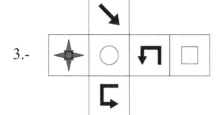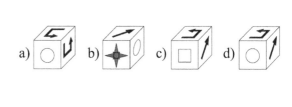

4.-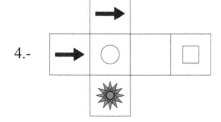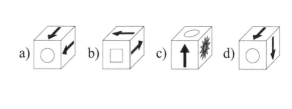

5.-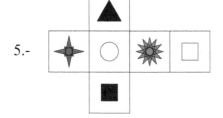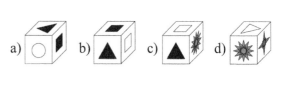

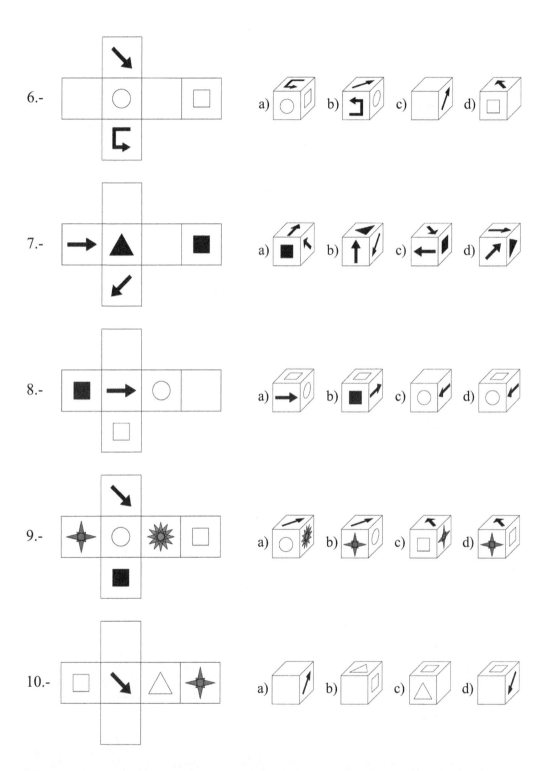

6.-

7.-

8.-

9.-

10.-

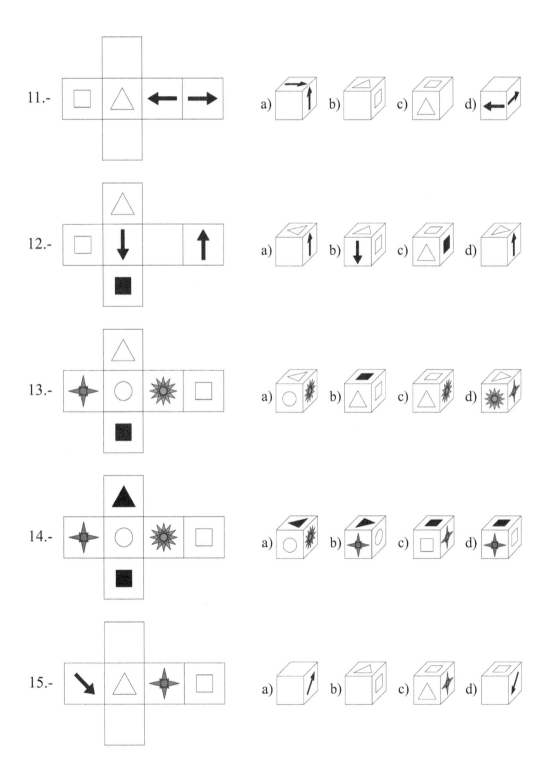

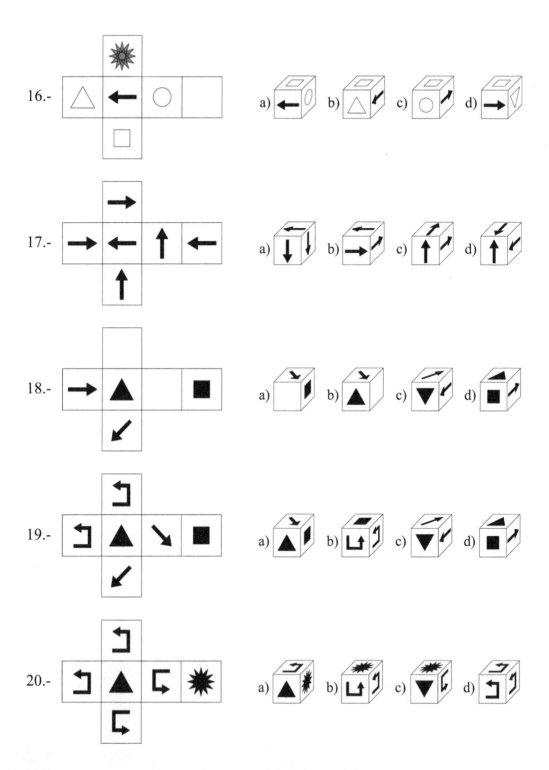

16.-

17.-

18.-

19.-

20.-

Cubos 2

 10 min

1.-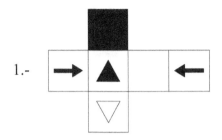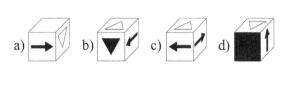

2.-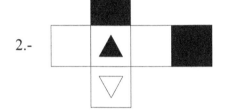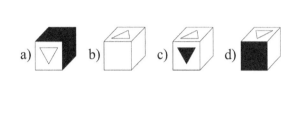

3.-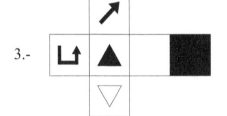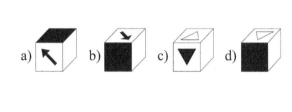

4.-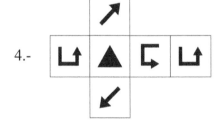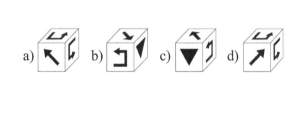

5.-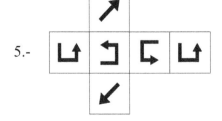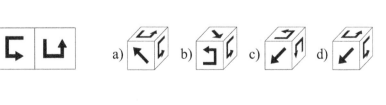

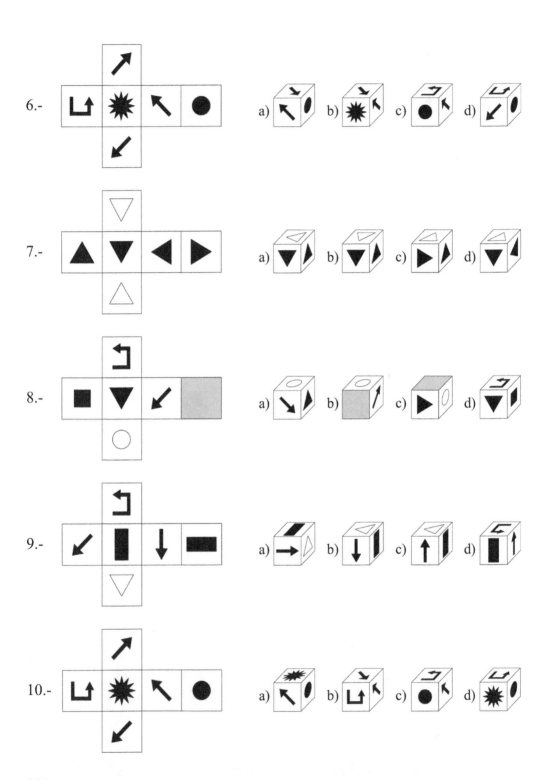

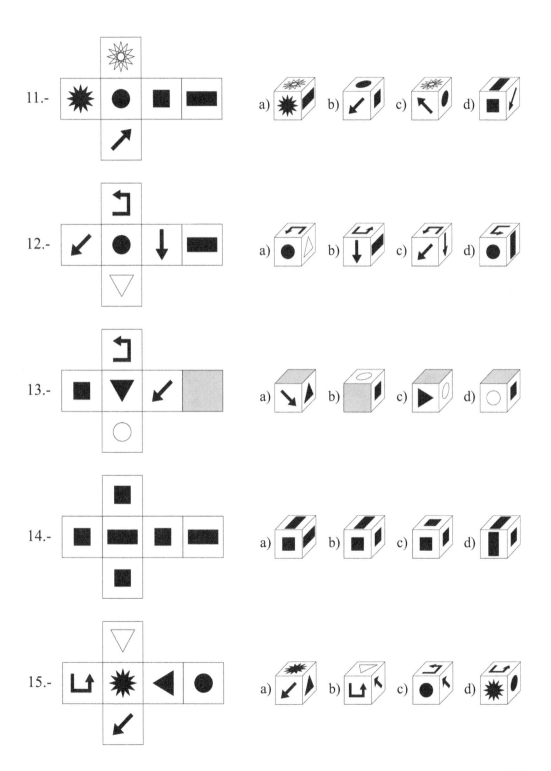

11.- a) b) c) d)

12.- a) b) c) d)

13.- a) b) c) d)

14.- a) b) c) d)

15.- a) b) c) d)

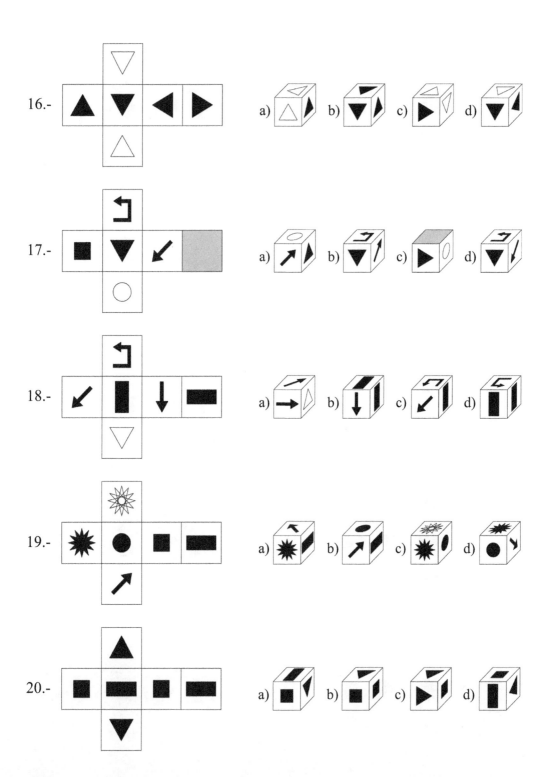

16.-

17.-

18.-

19.-

20.-

Cubos 3

🕐 10 min

1.-

a)   b)   c)   d)

2.-

a)   b)   c)   d)

3.-

a)   b)   c)   d)

4.-

a)   b)   c)   d)

5.-

a)   b)   c)   d)

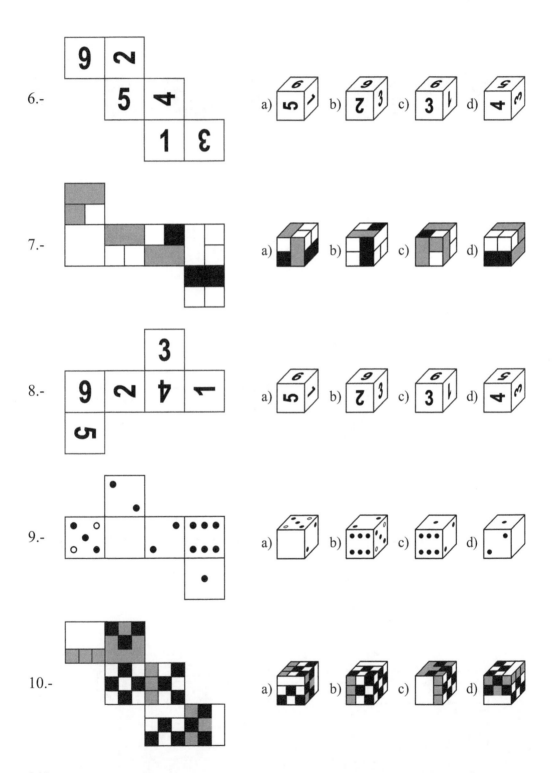

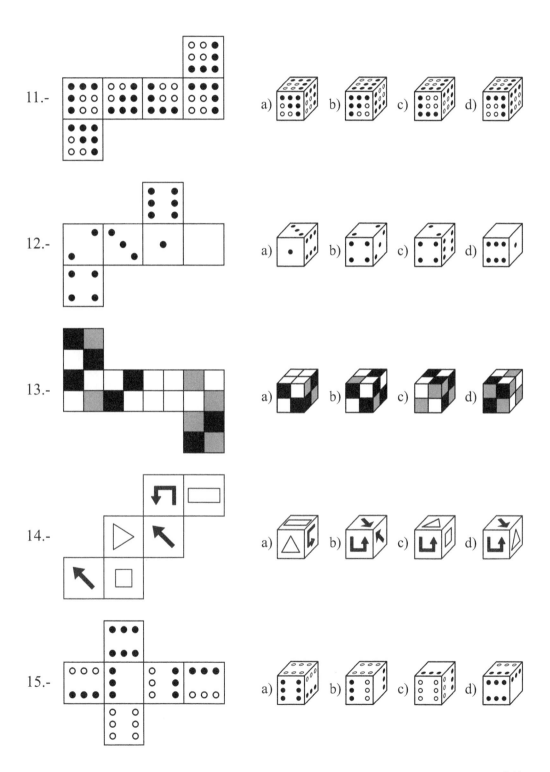

11.- a) b) c) d)

12.- a) b) c) d)

13.- a) b) c) d)

14.- a) b) c) d)

15.- a) b) c) d)

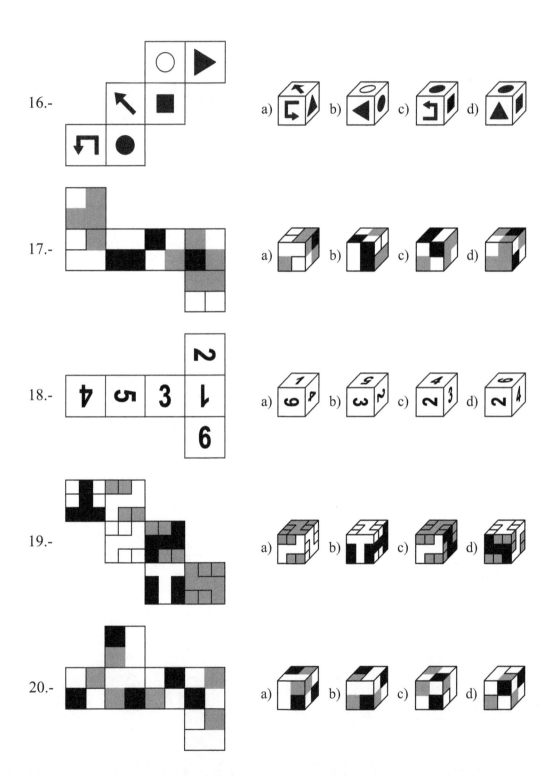

16.-

17.-

18.-

19.-

20.-

SOLUCIONARIO

MEMORIA

Cadenas de palabras 1

1.- c)   2.- d)   3.- b)   4.- a)   5.- b)   6.- b)   7.- d)   8.- c)   9.- a)   10.- d)

Cadenas de palabras 2

1.- d)   2.- d)   3.- a)   4.- b)   5.- c)   6.- a)   7.- a)   8.- c)   9.- c)   10.- a)

Cadenas de palabras 3

1.- d)   2.- c)   3.- b)   4.- c)   5.- b)   6.- c)   7.- a)   8.- d)   9.- b)   10.- d)

Listas numeradas 1

1.- a)   2.- c)   3.- a)   4.- b)   5.- c)   6.- d)   7.- d)   8.- c)   9.- d)   10.- b)

Listas numeradas 2

1.- c)   2.- d)   3.- b)   4.- c)   5.- d)   6.- a)   7.- b)   8.- a)   9.- b)   10.- c)

Sinónimos 1

1.- b)   2.- a)   3.- c)   4.- b)   5.- a)   6.- c)   7.- b)   8.- d)   9.- a)   10.- d)   11.- c)
12.- d)   13.- b)   14.- a)   15.- a)   16.- a)   17.- d)   18.- b)   19.- c)   20.- a)

Sinónimos 2

1.- d)   2.- a)   3.- b)   4.- b)   5.- d)   6.- b)   7.- c)   8.- a)   9.- c)   10.- c)   11.- b)
12.- a)   13.- b)   14.- a)   15.- c)   16.- d)   17.- c)   18.- a)   19.- b)   20.- d)

Sinónimos 3

1.- b)   2.- a)   3.- c)   4.- b)   5.- b)   6.- d)   7.- a)   8.- c)   9.- d)   10.- c)   11.- b)
12.- a)   13.- c)   14.- a)   15.- d)   16.- b)   17.- d)   18.- c)   19.- a)   20.- d)

MATEMÁTICAS

Números enteros 1

1.- d)   2.- c)   3.- c)   4.- d)   5.- c)   6.- c)   7.- c)   8.- a)   9.- a)   10.- c)   11.- a)
12.- b)   13.- b)   14.- a)   15.- d)   16.- a)   17.- a)   18.- a)   19.- c)   20.- b)

Fracciones 1

1.- b)   2.- d)   3.- d)   4.- a)   5.- b)   6.- a)   7.- b)   8.- b)   9.- c)   10.- c)   11.- d)
12.- d) 11   13.- d)   14.- d)   15.- c)   16.- b)   17.- b)   18.- c)   19.- a)   20.- a)

Decimales 1

1.- d)   2.- b)   3.- a)   4.- b)   5.- d)   6.- b)   7.- b)   8.- c)   9.- b)   10.- c)   11.- d)
12.- c)   13.- c)   14.- d)   15.- c)   16.- c)   17.- c)   18.- d)   19.- b)   20.- c)

Potencias y raíces 1

1.- a)   2.- a)   3.- c)   4.- c)   5.- b)   6.- d)   7.- b)   8.- b)   9.- d)   10.- a)   11.- b)
12.- d)   13.- d)   14.- d)   15.- a)   16.- b)   17.- a)   18.- c)   19.- d)   20.- b)

Factores de conversión 1

1.- c)   2.- c)   3.- a)   4.- a)   5.- b)   6.- c)   7.- d)   8.- a)   9.- c)   10.- d)   11.- d)
12.- a)   13.- c)   14.- c)   15.- c)   16.- a)   17.- b)   18.- b)   19.- a)   20.- b)

Geometría 1

1.- d)   2.- d)   3.- b)   4.- b)   5.- b)   6.- d)   7.- c)   8.- a)   9.- d)   10.- d)   11.- b)
12.- c)   13.- b)   14.- a)   15.- a)   16.- d)   17.- d)   18.- a)   19.- c)   20.- c)

CÁLCULO

Suma 1

1.- 106   2.- 93   3.- 524   4.- 122   5.- 231   6.- 80   7.- 961   8.- 830   9.- 1830   10.- 148   11.- 860   12.- 139   13.- 130   14.- 95   15.- 130   16.- 105   17.- 323   18.- 629   19.- 198   20.- 151   21.- 956   22.- 61   23.- 985   24.- 917   25.- 286   26.- 647   27.- 430   28.- 497   29.- 1165   30.- 107   31.- 1407   32.- 877   33.- 666   34.- 246   35.- 1038   36.- 1097   37.- 758   38.- 367   39.- 111   40.- 843   41.- 432   42.- 174   43.- 1630   44.- 1954   45.- 491   46.- 568   47.- 1684   48.- 141   49.- 1043   50.- 905   51.- 447   52.- 82   53.- 1059   54.- 559   55.- 716   56.- 111   57.- 129   58.- 73   59.- 299   60.- 108   61.- 1614   62.- 785   63.- 116   64.- 865   65.- 275   66.- 119   67.- 806   68.- 153   69.- 1603   70.- 276   71.- 525   72.- 449   73.- 646   74.- 467   75.- 840   76.- 670   77.- 800   78.- 927   79.- 121   80.- 1875   81.- 195   82.- 374   83.- 54   84.- 844   85.- 1114   86.- 424   87.- 770

Resta 1

1.- 2788   2.- 508   3.- 424   4.- 117   5.- 2999   6.- 1634   7.- 67   8.- 21   9.- 3130   10.- 25   11.- 6669   12.- 30   13.- 35   14.- 38   15.- 923   16.- 63   17.- 27   18.- 201   19.- 95   20.- 157   21.- 2104   22.- 38   23.- 2   24.- 1621   25.- 31   26.- 22   27.- 3819   28.- 12   29.- 203   30.- 3686   31.- 702   32.- 436   33.- 6539   34.- 287   35.- 3773   36.- 13   37.- 807   38.- 11   39.- 14   40.- 1231   41.- 5503   42.- 1371   43.- 12   44.- 1282   45.- 89   46.- 1516   47.- 348   48.- 57   49.- 4403   50.- 27   51.- 2145   52.- 333   53.- 1439   54.- 7   55.- 2226   56.- 21   57.- 7162   58.- 118   59.- 5502   60.- 4283   61.- 18   62.- 8   63.- 5233   64.- 664   65.- 632   66.- 37   67.- 14   68.- 374   69.- 64   70.- 7752   71.- 31   72.- 235   73.- 27   74.- 254   75.- 1381   76.- 229   77.- 83   78.- 3189   79.- 9   80.- 56   81.- 4320   82.- 3339   83.- 179   84.- 20   85.- 3416   86.- 2698   87.- 455

Multiplicación 1

1.- 19436   2.- 3723   3.- 551628   4.- 75933   5.- 7825   6.- 154142   7.- 6675   8.- 705   9.- 3540   10.- 54435   11.- 3549   12.- 2392   13.- 2232   14.- 1376   15.- 3026   16.- 591565   17.- 1386   18.- 557266   19.- 666063   20.- 73950   21.- 798   22.- 181900   23.- 2470   24.- 97972   25.- 12000   26.- 5904   27.- 68061   28.- 33684   29.- 53775   30.- 3534   31.- 177828   32.- 547528   33.- 1088   34.- 1968   35.- 2726   36.- 5390   37.- 242144   38.- 7426   39.- 57305   40.- 44676   41.- 7000   42.- 772398   43.- 9750   44.- 29857   45.- 5610   46.- 649070   47.- 4958   48.- 224681   49.- 3515   50.- 2820   51.- 2001   52.- 3552   53.- 36260   54.- 700908   55.- 3069   56.- 5427   57.- 1360   58.- 8073   59.- 35040   60.- 30192   61.- 7254   62.- 23422   63.- 372528   64.- 4370   65.- 6840   66.- 58100   67.- 115220   68.- 1302   69.- 4664   70.- 7308   71.- 910   72.- 333795   73.- 90396   74.- 175525   75.- 22052   76.- 2262   77.- 638   78.- 608   79.- 1666   80.- 2320   81.- 257664   82.- 170960   83.- 1026   84.- 25376   85.- 396   86.- 2581   87.- 3969

División 1

1.- 88,25   2.- 448,8   3.- 394   4.- 435   5.- 242   6.- 200,25   7.- 238,67   8.- 75,6   9.- 131,67   10.- 782   11.- 9602   12.- 272,83   13.- 116,67   14.- 949,33   15.- 1719,5   16.- 25,4   17.- 99,67   18.- 72,83   19.- 87,75   20.- 45   21.- 67,11   22.- 180,56   23.- 428   24.- 700   25.- 202,75   26.- 691,11   27.- 71,4   28.- 195,67   29.- 61,5   30.- 468   31.- 119,8   32.- 78   33.- 21,57   34.- 6105   35.- 92,13   36.- 59,67   37.- 622,67   38.- 32,29   39.- 643   40.- 2308,67   41.- 6433   42.- 459,33   43.- 1178   44.- 59,78   45.- 115,57   46.- 110,89   47.- 624,11   48.- 123,83   49.- 890   50.- 218,5   51.- 839,43   52.- 3396   53.- 99,11   54.- 196,25   55.- 32   56.- 919,6   57.- 441,25   58.- 100,75   59.- 34,25   60.- 95,5   61.- 150,5   62.- 860   63.- 89,13   64.- 1664   65.- 771,11   66.- 151,33   67.- 647,57   68.- 7884   69.- 1202   70.- 113,67   71.- 848   72.- 701,63   73.- 45,33   74.- 1673   75.- 90,83   76.- 1813   77.- 448   78.- 702,75   79.- 751,14   80.- 473,5   81.- 271   82.- 309   83.- 42,33   84.- 8988   85.- 59,6   86.- 1190,88   87.- 111,4

Raíz cuadrada 1

1.- 17,75   2.- 30,38   3.- 25,16   4.- 16,25   5.- 29,1   6.- 30,69   7.- 16,52   8.- 23,52   9.- 15,56   10.- 26,59   11.- 25,42   12.- 27,55   13.- 28,97   14.- 13,11   15.- 25,63   16.- 17,61   17.- 10,39   18.- 16,73   19.- 11,09   20.- 28,39   21.- 22,09   22.- 29,46   23.- 19,05   24.- 15,68   25.- 13,75   26.- 3,46   27.- 22,34   28.- 23,73   29.- 30,56   30.- 24,21   31.- 5,2   32.- 10,68   33.- 24,6   34.- 21,14   35.- 21,35   36.- 26,93   37.- 25,98   38.- 27,89   39.- 14,21   40.- 4,47   41.- 22,74   42.- 8,19   43.- 11,45   44.- 25,36   45.- 17,86   46.- 28,95   47.- 15,84   48.- 27,22   49.- 22,69   50.- 27,4   51.- 23,11   52.- 20,95   53.- 30,72   54.- 14,11   55.- 20,66   56.- 27,48   57.- 29,33   58.- 7,07   59.- 28,81   60.- 26,13   61.- 29,51   62.- 13,53   63.- 19,95   64.- 25,77   65.- 30,35   66.- 14,56   67.- 27,09   68.- 30,5   69.- 8,66   70.- 21,91   71.- 23,85   72.- 21,77   73.- 22,61   74.- 25,38   75.- 14,76   76.- 4,8   77.- 24,43   78.- 15,72   79.- 25,22   80.- 11,62   81.- 18,14   82.- 26,76   83.- 30,97   84.- 19,8   85.- 25,79   86.- 16,91   87.- 22,98

PSICOTÉCNICOS DE SUCESIONES

Sucesiones de números 1

1.- c) Dos sucesiones, la preguntada +7, +5, +3...   2.- b) Sucesión de Fibonacci comenzando por 1   3.- a) +2, −4, +20   4.- a) 2+3+4=9, 6+7+8=21...   5.- a) Cuadrados perfectos +1 y -1 alternativamente   6.- b) /2, +5   7.- c) Dos sucesiones, la preguntada ·3   8.- d) Dos sucesiones, la preguntada −1   9.- b) +3   10.- a) Dos sucesiones, la preguntada ·3   11.- d) Tres sucesiones, la preguntada −2   12.- c) La suma de los dígitos de cada término da 3, 4, 5, 6...   13.- b) Tres sucesiones, la preguntada −1   14.- a) Todos los números empiezan por D   15.- b) +5, +5, +30   16.- c) Dos sucesiones, la preguntada −5   17.- a) ·4, ·8   18.- c) Tres sucesiones, la preguntada /3   19.- c) Tres sucesiones, la primera y la preguntada −27, −9 y entre ellas −1   20.- b) ·3−1

Sucesiones de números 2

1.- d) ·2+3   2.- b) Todos los números empiezan por D   3.- b) La sucesión preguntada son la inicial de cada número de la primera   4.- a) Dos sucesiones, la preguntada +1   5.- d) 1+3=4, 5+7=12...   6.- d) Dos sucesiones, la preguntada −1   7.- c) Al cuadrado y +2, −2 alternativamente   8.- b) ·3+1   9.- c) Al cuadrado +2   10.- a) +7, +8, +9, +10...   11.- b) Cada término es la lectura literal del anterior (un uno = 11)   12.- c) Dos sucesiones, la preguntada −1   13.- a) −2, −2, +1   14.- c) Sucesión de Fibonacci comenzando por 3 y 4   15.- c) ·2   16.- a) /6, /5, ·4, ·3, /2, /1...   17.- b) /2, +5   18.- d) +3, +6, +9, +12...   19.- b) Números cuadrados de 11, 9, 7, 5 y 3   20.- b) Realiza dos operaciones (−4 y /2), elegimos 7 al no estar el 10 entre las opciones

Sucesiones de letras 1

1.- b) +2   2.- d) +2   3.- a) +11   4.- b) −7   5.- c) +2, +11   6.- c) −2, −3, −4, −5...   7.- b) +2, +11   8.- d) +2, +10   9.- b) −3, −2, −1   10.- a) Sucesión de Fibonacci comenzando por A y B   11.- c) Tres sucesiones, la preguntada +2   12.- a) Tres sucesiones, la preguntada +1   13.- d) +5, +4, +3, +2...   14.- c) Iniciales de los meses desde Febrero   15.- a) +5, +5, +5, +2, +2   16.- d) +10   17.- b) Nueve, Ocho, Siete, Seis...   18.- c) +6, +5, +4, +3...   19.- b) Dos sucesiones, la preguntada son Es   20.- d) Tres sucesiones, la preguntada son vocales

Sucesiones de letras 2

1.- c) Dos sucesiones intercaladas, la preguntada +0, +0, +0, +2, +0, +0, +2, +0, +2   2.- c) Iniciales de los días de la semana   3.- a) Dos sucesiones, la preguntada −1, −3   4.- b) Dos sucesiones seguidas, ambas +2   5.- a) Dos sucesiones, la preguntada +1   6.- d) +2, +3   7.- c) +1, +2, +3, +4, +5...   8.- a) +11   9.- c) +4, +5   10.- c) +1, +3, +1, +4, +1, +5...   11.- d) +1, +2, +3, +4, +4, +3, +2   12.- b) +3, +4, +5, +6, +7...   13.- a) Dos sucesiones, la preguntada +1   14.- b) Tres sucesiones, la preguntada +12   15.- b) +2, +9   16.- c) +1, +3, +1, +1, +4, +1, +1, +1, +5   17.- a) +8, +9   18.- c) +10   19.- d) +2, +3, +4, +5...   20.- b) +10

Sucesiones mixtas 1

1.- c) +5   2.- b) Dos sucesiones, la preguntada −3   3.- a) Dos sucesiones, la preguntada −15   4.- b) +8, −2   5.- c) −1, −2, −3, −4, −5…   6.- a) Dos sucesiones, la preguntada +1, +2, +4…   7.- a) Notas musicales (Do, Re, Mi, Fa…)   8.- c) Dos sucesiones, la preguntada ·2   9.- c) +4, +5   10.- d) +1, +2, +4, +8…   11.- b) +1, +2, +4, +8…   12.- a) Dos sucesiones, la preguntada −4, −4   13.- a) La suma de los círculos formados al escribir cada número da su posición   14.- d) −10   15.- d) −7   16.- a) Tres sucesiones, la preguntada −4   17.- d) Números primos   18.- d) ·2−2   19.- a) Dos sucesiones, la preguntada −5, ·3   20.- c) Tres sucesiones, la preguntada +7

PSICOTÉCNICOS MATEMÁTICOS

Reglas de tres 1

1.- a)   2.- c)   3.- b)   4.- c)   5.- c)   6.- c)   7.- b)   8.- b)   9.- d)   10.- d)   11.- a)   12.- c)   13.- b)   14.- d)   15.- d)   16.- a)   17.- c)   18.- a)   19.- c)   20.- b)

Reglas de tres 2

1.- c)   2.- b)   3.- d)   4.- d)   5.- c)   6.- c)   7.- a)   8.- b)   9.- d)   10.- b)   11.- a)   12.- d)   13.- a)   14.- c)   15.- d)   16.- b)   17.- c)   18.- b)   19.- c)   20.- c)

Porcentajes 1

1.- d)   2.- b)   3.- d)   4.- a)   5.- a)   6.- c)   7.- b)   8.- a)   9.- a)   10.- b)   11.- c)   12.- b)   13.- c)   14.- c)   15.- b)   16.- a)   17.- a)   18.- c)   19.- d)   20.- b)

Porcentajes 2

1.- d)   2.- d)   3.- a)   4.- c)   5.- b)   6.- d)   7.- b)   8.- b)   9.- d)   10.- d)   11.- c)   12.- c)   13.- a)   14.- c)   15.- d)   16.- c)   17.- c)   18.- b)   19.- c)   20.- b)

Intervalos Numéricos 1

1.- b)   2.- b)   3.- d)   4.- c)   5.- a)   6.- c)   7.- b)   8.- d)   9.- c)   10.- b)   11.- d)   12.- c)   13.- b)   14.- a)   15.- c)   16.- c)   17.- b)   18.- a)   19.- b)   20.- d)

Intervalos Numéricos 2

1.- c)   2.- c)   3.- a)   4.- a)   5.- b)   6.- c)   7.- d)   8.- a)   9.- b)   10.- c)   11.- b)   12.- d)   13.- b)   14.- b)   15.- a)   16.- d)   17.- a)   18.- c)   19.- d)   20.- d)

Permutaciones 1

1.- 24   2.- 24   3.- 6   4.- 3   5.- 120   6.- 60   7.- 2520   8.- 60   9.- 12   10.- 720   11.- 60   12.- 10   13.- 2520   14.- 180   15.- 720   16.- 360   17.- 120   18.- 20   19.- 5040   20.- 6   21.- c)   22.- a)   23.- d)   24.- c)

Variaciones 1

1.- c)   2.- b)   3.- a)   4.- c)   5.- d)   6.- b)   7.- c)   8.- b)   9.- a)   10.- c)   11.- d)   12.- d)   13.- a)   14.- b)   15.- c)   16.- b)   17.- c)   18.- d)   19.- a)   20.- c)

Combinaciones 1

1.- b) 2.- c) 3.- c) 4.- a) 5.- a) 6.- c) 7.- b) 8.- d) 9.- c) 10.- a) 11.- b)
12.- c) 13.- a) 14.- b) 15.- a) 16.- b) 17.- b) 18.- a) 19.- d) 20.- a)

PSICOTÉCNICOS DE PROBLEMAS

Familias 1

1.- b) 2.- b) 3.- c) 4.- a) 5.- b) 6.- d) 7.- c) 8.- a) 9.- a) 10.- b) 11.- b)
12.- b) 13.- a) 14.- d) 15.- b) 16.- a) 17.- a) 18.- b) 19.- b) 20.- a)

Familias 2

1.- d) 2.- d) 3.- b) 4.- d) 5.- d) 6.- c) 7.- c) 8.- d) 9.- c) 10.- c) 11.- c)
12.- a) 13.- c) 14.- a) 15.- d) 16.- d) 17.- b) 18.- a) 19.- c) 20.- c)

Familias 3

1.- b) 2.- a) 3.- c) 4.- a) 5.- d) 6.- d) 7.- c) 8.- c) 9.- d) 10.- d) 11.- b)
12.- a) 13.- c) 14.- a) 15.- b) 16.- b) 17.- d) 18.- a) 19.- b) 20.- d)

Ecuaciones 1

1.- c) 2.- d) 3.- c) 4.- a) 5.- a) 6.- b) 7.- b) 8.- d) 9.- d) 10- d) 11.- c)
12.- d) 13.- b) 14.- d) 15.- b) 16.- b) 17.- c) 18.- d) 19.- a) 20.- a)

Ecuaciones 2

1.- a) 2.- c) 3.- c) 4.- a) 5.- b) 6.- c) 7.- d) 8.- a) 9.- d) 10.- a) 11.- b)
12.- c) 13.- b) 14.- a) 15.- c) 16.- b) 17.- d) 18.- c) 19.- d) 20.- a)

Distancias 1

1.- c) 2.- c) 3.- d) 4.- a) 5.- b) 6.- a) 7.- b) 8.- d) 9.- d) 10.- c) 11.- a)
12.- b) 13.- d) 14.- a) 15.- a) 16.- c) 17.- c) 18.- a) 19.- b) 20.- d)

Coincidencias 1

1.- a) 2.- d) 3.- d) 4.- b) 5.- c) 6.- b) 7.- c) 8.- b) 9.- b) 10.- a) 11.- a)
12.- c) 13.- d) 14.- a) 15.- c) 16.- d) 17.- d) 18.- b) 19.- d) 20.- a)

Grifos 1

1.- c) 2.- a) 3.- b) 4.- b) 5.- d) 6.- c) 7.- d) 8.- b) 9.- d) 10.- a) 11.- b)
12.- b) 13.- d) 14.- d) 15.- c) 16.- c) 17.- c) 18.- d) 19.- b) 20.- b)

Sumatorios 1

1.- a) 2.- c) 3.- d) 4.- c) 5.- d) 6.- d) 7.- a) 8.- d) 9.- b) 10.- c) 11.- a)
12.- b) 13.- b) 14.- d) 15.- a) 16.- a) 17.- d) 18.- b) 19.- c) 20.- b)

PSICOTÉCNICOS PERCEPTIVOS

Conteo 1

1.- d) 2.- a) 3.- c) 4.- c) 5.- c) 6.- b) 7.- a) 8.- b) 9.- a) 10.- c) 11.- c)
12.- c) 13.- b) 14.- a) 15.- b) 16.- b) 17.- d) 18.- a) 19.- b) 20.- c) 21.- c)
22.- b) 23.- c) 24.- d) 25.- d) 26.- c) 27.- b) 28.- c) 29.- b) 30.- d)

Conteo 2

1.- c) 2.- c) 3.- b) 4.- a) 5.- c) 6.- b) 7.- c) 8.- c) 9.- a) 10.- b) 11.- a)
12.- b) 13.- d) 14.- a) 15.- b) 16.- a) 17.- a) 18.- a) 19.- b) 20.- b) 21.- c)
22.- d) 23.- d) 24.- d) 25.- d) 26.- d) 27.- d) 28.- b) 29.- b) 30.- c)

Conteo 3

1.- c) 2.- d) 3.- d) 4.- b) 5.- b) 6.- c) 7.- d) 8.- d) 9.- b) 10.- a) 11.- d)
12.- b) 13.- c) 14.- d) 15.- a) 16.- b) 17.- d) 18.- d) 19.- b) 20.- a) 21.- c)
22.- c) 23.- b) 24.- d) 25.- b) 26.- b) 27.- d) 28.- b) 29.- c) 30.- b)

Comparación y observación 1

1.- b), e) 2.- b), e) 3.- c) 4.- c), e) 5.- a) 6.- a), b), c), d), e) 7.- d) 8.- c), e)
9.- a), e) 10.- b), c) 11.- a), d) 12.- b), d) 13.- a), b), c), d), e) 14.- c), d) 15.- a)
16.- c) 17.- a), b) 18.- b), d) 19.- b) 20.- a), b)

Comparación y observación 2

1.- a), d) 2.- b) 3.- e) 4.- a), b), c), d), e) 5.- c) 6.- c), d) 7.- a), b), c), d), e)
8.- b) 9.- a.- b.- c) 10.- a) 11.- c), d) 12.- b), d) 13.- a), c) 14.- d) 15.- b), e)
16.- a), b), c), d), e) 17.- d) 18.- a), c) 19.- b), c), e) 20.- b), d)

Comparación y observación 3

1.- c), e) 2.- a), b) 3.- a) 4.- c) 5.- b), e) 6.- d) 7.- a), b), c), d), e) 8.- d) 9.-
a), c) 10.- b) 11.- b) 12.- c), e) 13.- c) 14.- a), b), c), d), e) 15.- c) 16.- b), d),
e) 17.- a) 18.- d) 19.- a) 20.- a), b), c), d), e)

Criptogramas 1

1.- c) 2.- a) 3.- c) 4.- d) 5.- b) 6.- c) 7.- b) 8.- a) 9.- c) 10.- b) 11.- d)
12.- a) 13.- d) 14.- a) 15.- a) 16.- b) 17.- d) 18.- d) 19.- b) 20.- b)

Criptogramas 2

1.- c) 2.- a) 3.- b) 4.- d) 5.- b) 6.- b) 7.- a) 8.- c) 9.- b) 10.- c) 11.- a)
12.- d) 13.- b) 14.- c) 15.- d) 16.- b) 17.- c) 18.- a) 19.- b) 20.- b)

Comparativo y ley 1

1.- b) 2.- c) 3.- a) 4.- a) 5.- c) 6.- a) 7.- c) 8.- a) 9.- d) 10.- b) 11.- e)
12.- e) 13.- c) 14.- b) 15.- e) 16.- e) 17.- b) 18.- d) 19.- c) 20.- c)

Comparativo y ley 2

1.- a) 2.- d) 3.- d) 4.- c) 5.- d) 6.- b) 7.- d) 8.- a) 9.- e) 10.- b) 11.- e)
12.- c) 13.- a) 14.- b) 15.- d) 16.- c) 17.- b) 18.- b) 19.- e) 20.- d)

Comparación 1

1.- a) 2.- b) 3.- d) 4.- b) 5.- c) 6.- d) 7.- a) 8.- a) 9.- d) 10.- b) 11.- a)
12.- c) 13.- b) 14.- d) 15.- c) 16.- d) 17.- a)

Comparación 2

1.- d) 2.- a) 3.- c) 4.- b) 5.- d) 6.- a) 7.- b) 8.- c) 9.- c) 10.- d) 11.- c)
12.- a) 13.- b) 14.- b) 15.- c) 16.- d) 17.- b)

PSICOTÉCNICOS DE RAZONAMIENTO

Matrices 1

1.- c) Hay 3 triángulos de cada color y dirección   2.- b) Por filas, los puntos se restan de mayor a menor   3.- a) Por filas, los elementos giran 90° primero y 180° después   4.- a) En la parte superior, central e inferior de las figuras hay 3 elementos de 3 tipos. En la parte central e inferior hay 3 negros, 3 grises y 3 blancos   5.- a) Por filas, las líneas superpuestas desaparecen   6.- c) Por filas, los colores se superponen   7.- a) Por filas, los puntos se superponen y si coincide su color resulta negro   8.- d) Por filas, los puntos de mismo color se restan y si sobran cambia de posición. Hay 3 círculos grandes de cada color   9.- c) Por filas, las flechas giran –45° y –90°   10.- d) Por filas, las líneas de la segunda casilla definen si la figura se completa de forma vertical, horizontal o ambas   11.- a) En cada fila y columna hay 1 cuadrado negro, 5 grises y 6 blancos   12.- d) Hay 3 elementos de cada tipo   13.- a) Las casillas y su interior se continúan por filas. El punto gris se mueve a la derecha +4 y el negro +8, +7, +6...   14.- c) Por filas, cada casilla rota 90° y +1 punto negro   15.- c) Por filas que se continúan, las flechas se alternan y los símbolos superiores vuelven a repetirse   16.- d) Por filas, los puntos se desplazan a la izquierda o a la derecha   17.- b) Por filas, los elementos de las casillas se desplazan horizontalmente hacia la derecha   18.- b) Hay 3 flechas de cada orientación   19.- b) Por filas, en la tercera casilla aparecen las figuras de las anteriores que no están repetidas   20.- b) Por filas, en la tercera casilla aparecen las figuras repetidas de las anteriores

Matrices 2

1.- d) Hay 3 figuras de cada tipo y color   2.- d) Hay 3 círculos de color, 3 transparentes y 3 semicírculos   3.- a) Por filas, los elementos de las casillas se desplazan verticalmente   4.- c) Por filas, los puntos se restan y si sobra cambia de posición. Hay 3 círculos grandes de cada color   5.- b) Las casillas y su interior se continúan por filas. El punto gris se mueve a la derecha +1, +2, +3... y el negro en diagonal   6.- b) Por filas, los colores se superponen y si coinciden resulta blanco   7.- c) Por columnas, los elementos se desplazan verticalmente dejando blanco atrás.   8.- b) Por filas, las flechas giran 135°   9.- a) Por filas, los puntos se desplazan verticalmente en la primera y horizontalmente en las otras. Los que reaparecen se vuelven grises   10.- a) Por filas, los puntos se superponen y si coindicen negros desaparecen   11.- d) Hay 3 patrones de líneas, 3 triángulos, 3 círculos y 3 cuadrículas sin polígono   12.- b) Por filas, los colores se superponen, si coinciden resulta blanco y después giran 180°   13.- c) Por filas, los puntos se superponen y si coincide su color resulta blanco   14.- d) Por filas que se continúan, las flechas giran 0°, –45°, –90°, –135°...   15.- d) Por filas que se continúan, cada 4 casillas la V gira 90° y el resto de elementos se repiten   16.- b) Por filas, los puntos se superponen y si coinciden desaparecen   17.- c) Por filas que se continúan, los cuadrados negros se mueven a la derecha, los puntos negros se alternan y los blancos se alternan y mueven en diagonal   18.- a) En cada fila y columna hay la misma cantidad de estrellas, círculos y cuadrados   19.- a) Por filas, los cuadrados negros se mueven a la derecha, los números iguales se anulan y el otro se mueve en diagonal   20.- a) En cada fila y columna hay 1 triángulo negro, 1 círculo blanco, 1 círculo negro, 2 círculos grises, 2 cuadrados negros y 1 cuadrado blanco

Relojes 1

1.- b) horas: +3; minutos: –15; segundos: +15   2.- a) h: ·2; m: +20; s: –30   3.- c) h: –1–2–3–4; m: +10; s: +10   4.- d) h: /2; m: +20; s: –25   5.- a) h: +2–3; m: +5+10+15+20; s: –5   6.- a) h: +4; m: –5–10–15–20; s: +10   7.- c) h: –5; m: +25; s: +35   8.- d) h: +5; m: +10+20+30+40; s: –10   9.- b) h: +6; m: +30; s: +10   10.- c) h: +1+2+3+4; m: –5; s: –10   11.- a) h: –5–4–3–2; m: +15; s: –30+10   12.- d) h: +5–3; m: –25+15; s: +30   13.- c) h: –1; m: ·2; s: –10   14.- b) h: +2+4+6+8; m: –5; s: +5+10+15+20   15.- b) h: +8–5; m: –15; s: +10–5   16.- a) h: /2; m: +15+30+45+60; s: +10   17.- d) h: +1+2+4+8; m: +20–15; s: –10   18.- c) h: –2–4–6–8; m: +15–10; s: +30+15   19.- c) h: ·2; m: +5; s: –5–10–15–20   20.- a) h: –8–4–2–1; m: +15; s: +30+15

Relojes 2

1.- b) horas: –4; minutos: –15; segundos: –25+10   2.- b) h: +2+4+8+16; m: –20; s: –10–20–30–40   3.- a) h: –1–2–3–4; m: +10; s: +25–20   4.- c) h: –8–4–2–1; m: +5+10+15+20; s: –25   5.- b) h: +3–2; m: +10–15; s: +15   6.- a) h: +7; m: –5+10–15+20; s: +10   7.- d) h: –1+6; m: +25; s: –10+35   8.- c) h: +5; m: +10–20+30–40; s: –10   9.- b) h: +12; m: +35; s: +10–25   10.- c) h: +2+4+6+8; m: –25; s: –5–10–20–40   11.- b) h: –3–6–9–12; m: +15; s: +30–25   12.- a) h: +5+2; m: +25+15; s: +5+10+20+40   13.- d) h: –1; m: +15+20; s: –15–20   14.- d) h: –2–4–6–8; m: –15; s: +5+10+15+20   15.- c) h: –8+5; m: –20; s: +10+15   16.- b) h: –1–2–4–8; m: +15+30+45+60; s: –10   17.- b) h: +3+6+9+12; m: +20–15; s: +5   18.- c) h: –2+4–6+8; m: +15+5; s: –5–10–15–20   19.- a) h: +3–6+9–12; m: +5; s: –10   20.- c) h: –8–4–2–1; m: +15; s: +10

Dominós 1

1.- c) superior: +1, +2, +4, +8; inferior: +2   2.- d) s: +3; i: –2   3.- a) s: –1, –2; i: +1, +3   4.- b) s: –3, –2, –1, 0; i: –2, +2   5.- c) s: –3; i: +2, +1   6.- a) s: –1, 0; i: 0, –2   7.- a) s: 0, +1, +2, +3; i: –3, –2, –1, 0   8.- d) s: 0, –2; i: –2, 0   9.- a) 5+2↘,0+2↗...; 1–2↗,6–2↘...   10.- a) s: –2, +2; i: 0, +1, +2, +3   11.- c) 2+3↘,5+3↗...; 5–1↗,4–1↘...   12.- b) s: –2; i: +3, +2, +1, 0   13.- d) s: –3; i: –2, –1   14.- d) s: 0, +1; i: +4, +3, +2, +1   15.- a) s: –3;

i: +2   16.- b) s: +3; i: +3, +2, +1, 0   17.- d) 1 uno, 2 doses, 3 treses y 4 cuatros   18.-
c) s: +4, +3, +2, +1; i: –2   19.- b) s: +3; i: –1   20.- c) 2+1↘,3+1↗…; 6–1↗,5–1↘…

Dominós 2

1.- a) superior: –2; inferior: +4   2.- b) s: +3, –1; i: –2, +2   3.- c) s: +1, +2, +3, +4;
i: +2, –2   4.- d) s: +2; i: –3   5.- a) s: –1; i: +4, +3, +2, +1   6.- c) 4+1↘,5+1↗…;
5–1↗,4–1↘…   7.- b) s: +2 –2; i: +3   8.- d) s: +3, +2, +1, 0; i: 0, +1, +2, +3   9.- a)
3+3↘,6+3↗…; 2–2↗,0–2↘…   10.- c) s: +3, –1; i: –3, +2   11.- b) s: –2, +2; i: +1,
+3   12.- c) s: +3, 0; i: +1, –4   13.- a) s: +1, +2,+4,+8; i: +1   14.- d) s: –3, –2, –1, 0; i:
+2   15.- b) 2+2↘,4+2↗…; 3–2↗,1–2↘…   16.- c) 1 uno, 2 doses, 3 treses y 4 cuatros
17.- d) s: –4, –3, –2, –1; i: +1, –1   18.- a) s: –3, –2, –1, 0; i: –3, –2, –1, 0   19.- c) s: –1,
3; i: +3, –1   20.- b) s: +2, +3; i: +3, –2

Razonamientos de números 1

1.- d) Suma: 7+16   2.- a) Suma: 13+8   3.- c) Celda mayor – menor: 27–4   4.- a)
Multiplicación: 13·20   5.- c) Todos son cuadrados perfectos   6.- d) Celda mayor /
menor: 32/8   7.- d) Suma: 32+9   8.- c) Multiplicación: 3·26   9.- a) Celda mayor –
menor: 43–13   10.- a) Celda mayor – menor: 38–15   11.- c) Suma: 23+44   12.- d)
Suma las cifras de cada celda y suma los resultados: (5+6)+(7+8)   13.- d) Celda mayor
/ menor: 16/8   14.- c) Celda mayor – menor – 1: 40–39–1   15.- a) Multiplicación: 13·7
16.- d) Suma las cifras de cada celda y multiplica los resultados: (1+3)·(6+1)   17.- b)
Multiplicación: 10·2   18.- d) Celda mayor / menor: 72/36   19.- c) Celda mayor –
menor: 45–13   20.- c) Suma: 42+8

Razonamientos de números 2

1.- b) Suma: 17+77   2.- d) Suma las cifras de cada celda y suma los resultados:
(9+0)+(1+0+5)   3.- b) Celda mayor – menor: 64–46   4.- d) Suma las cifras de cada
celda y multiplica los resultados: (1)·(9+1)   5.- b) Multiplicación: 13·43   6.- b) Todos
son números primos   7.- a) Celda mayor – menor – 1: 11–7–1   8.- c) Celda mayor –
menor: 65–39   9.- b) Celda mayor / menor: 8/-2   10.- c) Suma las cifras de cada celda
y multiplica los resultados: (7)·(1+1)   11.- a) Todos son cuadrados perfectos   12.- c)
Suma las cifras de cada celda y suma los resultados: (3+6+3)+(3)   13.- a) Suma las cifras
de cada celda y resta los resultados mayor – menor: (4+1)–(1+2)   14.- d) Suma: 77+41
15.- c) Suma: 36+9   16.- b) Celda mayor – menor: 27–3   17.- a) Celda mayor / menor:
24/4   18.- a) Suma las cifras de cada celda y divide los resultados mayor / menor: (8+8)/
(4)   19.- a) Celda mayor – menor + 1: 14–3+1   20.- c) Multiplicación: 3·72

Incógnitas 1

1.- b)   2.- c)   3.- c)   4.- a)   5.- b)   6.- b)   7.- d)   8.- c)   9.- a)   10.- b)   11.- a)
12.- c)   13.- c)   14.- d)   15.- a)   16.- d)   17.- a)   18.- d)   19.- c)   20.- d)

Incógnitas 2

1.- a)   2.- d)   3.- d)   4.- b)   5.- a)   6.- d)   7.- b)   8.- b)   9.- c)   10.- d)   11.- a)
12.- b)   13.- c)   14.- c)   15.- b)   16.- a)   17.- e)   18.- c)   19.- b)   20.- c)

Incógnitas 3

1.- b)   2.- d)   3.- b)   4.- d)   5.- b)   6.- d)   7.- c)   8.- d)   9.- a)   10.- c)   11.- b)
12.- a)   13.- a)   14.- b)   15.- b)   16.- d)   17.- a)   18.- a)   19.- c)   20.- d)

Análisis de información 1

Trabajo	Edad	Arma	Origen	Puesto
F.B.I.	32	Escopeta	Nueva York	3º
D.E.A.	30	Mágnum	Los Ángeles	2º
Asuntos Internos	27	Rifle de francotirador	España	1º
C.I.A.	25	Lanzamisiles	Miami	4º

1.- b)   2.- a)   3.- a)   4.- a)   5.- c)   6.- d)   7.- d)   8.- c)   9.- b)   10.- d)   11.- b)
12.- a)   13.- a)   14.- d)   15.- d)   16.- c)   17.- a)   18.- a)   19.- b)   20.- b)

Análisis de información 2

Nombre	Edad	Sector	Contiene
Pedro	20	1	Gorila
Antonio	25	2	Jirafa
José	35	3	León
Sara	40	4	Acuario

1.- b)   2.- a)   3.- c)   4.- d)   5.- a)   6.- c)   7.- a)   8.- a)   9.- d)   10.- d)   11.- b)
12.- b)   13.- b)   14.- d)   15.- c)   16.- b)   17.- a)   18.- c)   19.- a)   20.- d)

Análisis de información 3

Parte 1:

Profesor	Clase	Planta	Asignatura
Silvio	1A	1ª	Música
Sergio	2B	3ª	Matemáticas
Noel	3C	2ª	Lengua
Vicente	4D	4ª	Ciencias

Parte 2:

Nombre	Pareja	Edad	Provincia	Mascota
Adrián	Sandra	28	Sevilla	Gato
Ramón	Lola	24	Alicante	Perro
Juan	Marina	27	Málaga	Pájaro
Carlos	Ester	39	Santander	Pez
Saúl	Verónica	32	Valencia	Tortuga

1.- a)   2.- d)   3.- c)   4.- b)   5.- a)   6.- a)   7.- a)   8.- b)   9.- b)   10.- a)   11.- b)
12.- d)   13.- b)   14.- d)   15.- d)   16.- c)   17.- d)   18.- e)   19.- e)   20.- e)   21.- c)
22.- c)   23.- d)   24.- e)   25.- d)   26.- d)   27.- c)

PSICOTÉCNICOS DE MEMORIA

Planos o mapas 1

1.- b)   2.- d)   3.- d)   4.- d)   5.- a)   6.- c)   7.- c)   8.- b)   9.- c)   10.- d)   11.- a)
12.- c)   13.- d)   14.- c)   15.- c)   16.- d)   17.- b)   18.- b)   19.- c)   20.- d)   21.- d)
22.- d)   23.- d)   24.- c)   25.- a)   26.- b)   27.- d)   28.- d)   29.- c)   30.- b)

Planos o mapas 2

1.- d)   2.- a)   3.- b)   4.- c)   5.- d)   6.- c)   7.- c)   8.- b)   9.- b)   10.- c)   11.- d)
12.- a)   13.- d)   14.- b)   15.- a)   16.- b)   17.- b)   18.- c)   19.- a)   20.- b)   21.- b)
22.- c)   23.- a)   24.- d)

Planos o mapas 3

1.- d)   2.- d)   3.- c)   4.- a)   5.- b)   6.- c)   7.- b)   8.- b)   9.- a)   10.- c)   11.- c)
12.- c)   13.- d)   14.- c)   15.- d)   16.- b)   17.- c)   18.- a)   19.- c)   20.- a)   21.- d)
22.- b)   23.- c)   24.- b)   25.- c)   26.- a)   27.- a)   28.- c)

Planos o mapas 4

1.- c)   2.- a)   3.- d)   4.- c)   5.- b)   6.- b)   7.- b)   8.- a)   9.- a)   10.- a)   11.- d)
12.- b)   13.- c)   14.- d)   15.- c)   16.- b)   17.- d)   18.- b)   19.- a)   20.- d)   21.- b)
22.- d)   23.- d)   24.- d)

Textos 1

1.- a)   2.- c)   3.- b)   4.- a)   5.- a)   6.- d)   7.- d)   8.- a)   9.- a)   10.- c)   11.- b)
12.- a)   13.- b)   14.- b)   15.- d)   16.- d)   17.- b)   18.- b)   19.- c)   20.- c)

Textos 2

1.- b) 2.- b>a) 3.- b) 4.- d>a) 5.- d) 6.- d) 7.- d) 8.- b) 9.- b>a) 10.- c)
11.- b) 12.- d) 13.- c) 14.- d) 15.- d>a) 16.- a) 17.- c) 18.- c) 19.- a) 20.- d)

PSICOTÉCNICOS ESPACIALES

Giros 1

1.- b) 2.- a) 3.- a) 4.- d) 5.- a) 6.- d) 7.- d) 8.- d) 9.- b) 10.- d) 11.- b)
12.- d) 13.- c) 14.- a) 15.- d) 16.- c) 17.-d) 18.- a) 19.- c) 20.- c)

Giros 2

1.- a) 2.- b) 3.- a) 4.- b) 5.- b) 6.- d) 7.- b) 8.- c) 9.- c) 10.- d) 11.- d)
12.- c) 13.- b) 14.- a) 15.- c) 16.- c) 17.- a) 18.- a) 19.- a) 20.- c)

Cubos 1

1.- d) 2.- d) 3.- a), b) y c) 4.- b), c) y d) 5.- c) 6.- d) 7.- a), b) y c) 8.- d) 9.-
b) y c) 10.- d) 11.- d) 12.- d) 13.- c) 14.- d) 15.- d) 16.- c) y d) 17.- a) y d)
18.- c) 19.- b) 20.- b)

Cubos 2

1.- b) 2.- c) y d) 3.- d) 4.- d) 5.- c) 6.- a) y c) 7.- c) 8.- b) 9.- a) y c) 10.- c)
11.- d) 12.- b) 13.- d) 14.- b) 15.- a) y c) 16.- d) 17.- a) y d) 18.- c) 19.- a)
y c) 20.- a) y d)

Cubos 3

1.- d) 2.- c) 3.- a) 4.- a) y b) 5.- a) 6.- c) 7.- b) 8.- c) 9.- c) y d) 10.- a) 11.-
d) 12.- b) y d) 13.- b) 14.- d) 15.- b) 16.- d) 17.- a) 18.- b) 19.- c) 20.- d)

Para valorar el libro, obtener material adicional, conocer información sobre los autores, descubrir otros libros y estar al tanto de novedades y actualizaciones, visita:

nuaula.com/ir/test

Libros, formación y recursos para estudiantes y opositores

Printed in France by Amazon
Brétigny-sur-Orge, FR

20831232R00145